AF640835

Du und deine Engel

Anjana Gill

Du und deine Engel

Eine himmlische Freundschaft,
die dein Leben beflügelt

Ansata

Der Verlag behält sich die Verwertung der urheberrechtlich geschützten Inhalte dieses Werkes für Zwecke des Text- und Data-Minings nach § 44 b UrhG ausdrücklich vor.
Jegliche unbefugte Nutzung ist hiermit ausgeschlossen.

MIX
Papier | Fördert gute Waldnutzung
FSC® C004378
FSC
www.fsc.org

Penguin Random House Verlagsgruppe FSC® N001967

3. Auflage
Copyright © 2021 by Ansata Verlag, München,
in der Penguin Random House Verlagsgruppe GmbH,
Neumarkter Straße 28, 81673 München
produktsicherheit@penguinrandomhouse.de
(Vorstehende Angaben sind zugleich
Pflichtinformationen nach GPSR)

Alle Rechte sind vorbehalten.
Redaktion: Dr. Diane Zilliges
Umschlaggestaltung: Guter Punkt, München
Umschlagmotiv: © Markus Weber - Guter Punkt, München
Illustrationen: © Markus Weber - Guter Punkt, München
Satz: Guter Punkt, München
Druck und Bindung: PBtisk, s.r.o., Pribram
Printed in Czech Republic
ISBN 978-3-7787-7568-4
www.Integral-Lotos-Ansata.de

Inhalt

Wer nicht an Wunder glaubt, hat nichts verstanden

Der Beginn einer wunderbaren Freundschaft

Hallo und willkommen im Buch der Engel

Glaubst du an Schutzengel? 75 Prozent der Menschen glauben an die Existenz des Schutzengels. Und trotzdem fühlen sich fast alle Menschen manchmal ziemlich allein. Geht dir das auch so? Das ist doch merkwürdig, oder? Es sollte ja eigentlich nicht so sein.

Was hat es also mit den Engeln auf sich? Wer oder was sind Engel eigentlich? Und wenn es sie wirklich gibt, wo wohnen sie? Und wo waren sie neulich, als mal wieder alles schiefgelaufen ist?

Das Wort »Engel« stammt aus dem Griechischen Angelos und bedeutet »Bote«. Das klingt doch schon mal gut – ein Bote bringt uns etwas. Ich mag es sehr, wenn mir jemand etwas bringt. Du bestimmt auch, oder?

Und das geht vermutlich vielen so, denn Engel spielen in fast allen Religionen eine wichtige Rolle: im Christentum, Judentum, Hinduismus und auch im Islam. Das ist hochinteressant. Auf der ganzen Welt, rund um den Globus, wissen die Menschen seit Hunderten, nein seit Tausenden von Jahren, dass es Engel gibt. Dennoch wurde und wird immer noch über ihre Existenz diskutiert und gestritten.

Vielleicht liegt es an dem Begriff »Engel«? Engel klingt für viele Leute so mittelalterlich, nicht in unsere Zeit passend.

Aber wir können ihnen ja auch ohne Weiteres andere, neue Namen geben: universelle Boten, himmlische Helfer, persönliche Assistenten, beste Freunde ... was immer dir ein gutes Gefühl vermittelt. Universelle Boten klingt eigentlich ganz passend, für mich jedenfalls. Für dich auch? Beste Freunde oder himmlische Freunde klingt auch schön.

Wer also sind diese Engel, diese universellen Boten? Engel sind Geistwesen, Lichtwesen aus einer anderen Dimension. Wir können sie meistens mit unserem bloßen Auge nicht sehen, aber wir können sie spüren. Gerade damit haben viele Menschen jedoch Schwierigkeiten. Für sie ist nur real, was sie auch sehen können. Und dennoch ist ein Großteil der Menschen tief im Innersten von der Existenz der Engel überzeugt, zumindest von der eines Schutzengels. Weil sie sich, in irgendeiner Ecke ihres Seins, erinnern können oder weil sie Erfahrungen gemacht haben, die sich nicht anders erklären lassen.

Trotzdem beschäftigen sich viele Leute heutzutage nicht intensiver mit den Engeln, weil sie Sorge haben, belächelt und als naiv und lebensfremd eingestuft zu werden. Wenn du auf die Frage: »Woher weißt du das?« antwortest: »Ich habe ein Zeichen von meinem Engel bekommen«, dann kannst du froh sein, wenn sie dich nicht in die Geschlossene einweisen.

Genau das ist mir gestern erst passiert – also nicht, dass ich in die Geschlossene eingewiesen worden wäre, aber dass ich etwas mitleidig angeschaut wurde. Ich hatte kürzlich den Gedanken, den »Geistesblitz«, dass ich dieses Engelbuch, das in einer ersten Fassung vor vielen Jahren erschienen ist, überarbeiten und neu auflegen sollte. Ich war mir aber nicht wirklich sicher und habe gesagt: »Hallo, ihr lieben Engel, wenn ich das machen soll, dann schickt mir bitte ein Zeichen.«

Und jetzt kommt es: Am Abend, also nur wenige Stunden später, hat mir eine Leserin, die gerade das Buch *Danke, liebes Universum* gelesen hat, geschrieben, dass sie mein Buch *Du und deine Engel* im Bücherregal wiedergefunden hat. Sie hat mir sogar ein Foto davon geschickt. Das Buch war seit Jahren nicht mehr erhältlich und mich hatte schon länger niemand mehr darauf angesprochen.

1. Ich kannte die Leserin vorher nicht.
2. Sie ging zu ihrem vollen Bücherregal und stieß »zufällig« auf das Exemplar von *Du und deine Engel.*
3. Sie sah, dass ich die Autorin bin, und wollte es mir erzählen.
4. Sie nahm Kontakt auf und schickte mir ein Foto von dem Buch.

Rate mal, wer hinter alldem steckt ... Klar, oder?

Ich war überwältigt und gerührt – wenn das kein Zeichen war! Am Morgen erst hatte ich meine Engel gebeten, mir zu sagen, ob ich dieses Buch neu bearbeiten soll! Und dann bekam ich diese Antwort noch am selben Tag! Das war wirklich ein eindeutiges Zeichen. Danke, liebe Engel. Ihr seid einfach toll. Ich liebe diese »Kommunikation« mit euch so sehr, ich kann gar nicht sagen, wie sehr.

Als ich diese Geschichte aber gestern jemandem erzählte, wurde ich mitleidig angeschaut. Nach dem Motto: »Süß – die glaubt an Engel.« Aber egal – lassen wir die Leute einfach in ihrem Glauben. Du und ich und viele andere – wir wissen es ja ... Und wer sich darauf einlässt, es ausprobiert und die Engel in sein Leben lässt, bei dem wird sich alles auf magische Weise verändern.

Wenn du bisher noch nicht mit deinen Engeln »zusammengearbeitet« hast, wirst du beeindruckt sein, wie sich dein Leben quasi von jetzt auf gleich verzaubern wird.

Alles wird magisch – dein gesamter Alltag bekommt einen, sagen wir mal: magischen Anstrich. Grauer Alltag?

Das war gestern. Unsere Engel machen unser Leben bunt – jeden einzelnen Tag.

Hinzu kommt dieses wunderschöne Gefühl der Geborgenheit. Ich kann dir gar nicht sagen, wie wundervoll es ist zu wissen, dass man nicht allein ist. Und zwar nie. Es tut so gut zu wissen, dass – egal in welcher Situation oder welchem Schlamassel wir mal wieder stecken – wir jemanden haben, der bedingungslos an unserer Seite steht und uns hilft, die Hindernisse aus dem Weg zu räumen oder uns hin und wieder sogar darüber hinwegzuheben. Manchmal habe ich wirklich das Gefühl, meine Engel gehen vor mir her und machen den Weg für mich frei.

Das wird dir auch so gehen – dann weißt du, was ich meine. Ich zeige dir jetzt, wie das Zusammenleben und Zusammenwirken mit unseren Engeln genau funktioniert; wie du erkennst, dass deine Engel anwesend sind, und wie du am besten mit ihnen kommunizierst. Bald schon seid ihr beste Freunde, und du kannst und willst nie wieder ohne sie sein.

Die gute Nachricht: Musst du auch nicht. Nie wieder. Ab jetzt bleibt ihr unzertrennlich, und ich kann dir versprechen, dass dein Leben doppelt so viel Spaß und Freude macht. Ach, was sage ich? Hundertmal so viel!

Aber das wirst du gleich selbst sehen.

Tür auf für die besten Lebensbegleiter, die man sich wünschen kann!

Ich liebe meine Engel. Und genauso wird es dir auch gleich gehen. Sobald wir zulassen, dass die Engel in unserem Leben wirken dürfen, werden große und kleine Wunder normaler Alltag für uns sein. Das Leben mit den himmlischen Begleitern ist so was von fröhlich! Es ist viel entspannter und wesentlich einfacher. Alles, was wir zu Beginn brauchen, ist etwas Zeit und Ruhe. Einfach mal entschleunigen, die Ablenkungen der hektischen Welt abschalten und wieder lernen, nach innen zu hören.

Unser ganzes Leben findet in der äußeren Welt, der scheinbar realen Welt, statt. Aber wir, du und ich und viele andere, ahnen ja, dass es noch einen anderen Teil in uns gibt, den wir für ein erfülltes Leben brauchen.

Aber wie sollen wir nach innen lauschen, wenn wir immer aktiv sind, wenn wir von Termin zu Termin und Event zu Event hetzen? Wir müssen deshalb als Erstes wieder lernen, gelegentlich zur Ruhe zurückzukehren. Denn nur ein zeitweises »Ausklinken« aus dieser Welt ermöglicht uns ein ganzheitliches »Einklinken« in die echte Welt.

Der wahre Schatz unseres Lebens, das dauerhafte Glück, liegt sowieso in uns selbst. *In* dir ist das echte Paradies. Aber das weißt du ja längst.

Du und ich, wir haben alle Voraussetzungen für ein aufregendes, magisches und rundum glückliches Leben in uns. Mithilfe unserer Engel werden wir es ent-decken und entfalten. Wann immer du deine Engel brauchst, werden sie da sein. Ab jetzt bist du nie mehr auf dich allein gestellt.

Nie mehr! Versprochen!

Komm, wir machen uns auf den Weg, unseren Traum vom Leben zu erfüllen, zusammen mit unserem Schutzengel und den anderen himmlischen Helfern.

Wenn sich unser Traum vom Leben erfüllt hat, hat sich auch der Traum unserer Engel erfüllt.

Zwei der wichtigsten Aufgaben unseres Schutzengels sind:

1. uns zu beschützen
2. uns zu unserem Seelenplan zu führen ...

Aber dazu später mehr …

Gibt es sie für dich?

Auf einer Skala von 1 bis 10: Wie sehr glaubst du an die Existenz deiner Engel?

|--------|--------|--------|--------|--------|--------|--------|--------|--------|

1 2 3 4 5 6 7 8 9 10

Die Engel kennenlernen: Wer seid ihr eigentlich?

Das Wesen der Engel

Engel sind also universelle Boten und Diener. Allein das ist magisch. Engel sind Boten, die uns, also auch dir und mir, aus einer anderen Dimension etwas bringen.

Aus einer anderen Dimension! Überleg mal, was das bedeutet! Es bedeutet, dass auf einmal Dinge möglich werden, die vorher nicht möglich waren. Dinge, die uns un-möglich vorkamen!

Unsere universellen Boten sind Geistwesen, nicht solche »Trampeltiere« wie wir Menschen. Engel sind kosmische Lichtwesen, ausgestattet mit brillanter Intelligenz und Willenskraft. Sie sind voller Leichtigkeit.

Die universellen Boten wollen Glück und Mühelosigkeit in unser Leben bringen. Engel wollen durch uns, durch dich das Himmlische auf der Erde verwirklichen. Hinzu kommt, dass sie äußerst kontaktfreudige Wesen sind, die vor Glück tanzen, wenn wir Menschen zu ihnen finden.

Die universellen Boten sind

* humorvoll und fröhlich,
* voller Farben und Musik,
* immer zu Spielen bereit,
* ernsthaft und brillant,
* liebevolle Helfer,
* Sie trösten und inspirieren uns.

* Sie sind voller Freude und Leichtigkeit.
* Engel führen uns.
* Sie schicken uns ununterbrochen Zeichen.
* Engel sind IMMER für uns da.
* Sie sind ein Teil von uns.

Du fragst, warum sie dann nicht endlich loslegen und in deinem Leben für Glück sorgen? Ganz einfach:

Engel können nur mit
uns zusammenwirken,
wenn wir sie dazu einladen.

Du glaubst das nicht? Ist aber so. Engel dürfen sich nicht einfach in unsere freie Willensentscheidung einmischen – es sei denn, wir »beauftragen« sie damit. Nur wenn wir das tun, kommen sie und unterstützen uns. Und dann wird's richtig aufregend ...

Die Engel leben in einem für uns unsichtbaren Bereich. Aber nur, weil wir sie nicht sehen können, heißt das nicht, dass sie nicht da sind. Radioaktive Strahlen siehst du ja auch nicht.

Engel sind IMMER um uns herum. Auch jetzt gerade. Schau dich doch mal um: Vielleicht siehst du ja einen oder fühlst eine Hand auf deiner rechten Schulter?

Zumindest dein Schutzengel ist genau jetzt in diesem Moment in deiner Nähe. Und es kann natürlich auch eine Schutzengelin sein.

Weißt du, wie sie oder er sich freut, wenn du anfängst, die Engel in dein Leben zu lassen? Das ist ein himmlisches Fest. Es ist quasi das Ende der Kontaktsperre.

Engel suchen und lieben unsere Gesellschaft. Sie leiden unter der Distanz, die wir durch unsere Unwissenheit aufgebaut haben. Aber Engel wollen Nähe, sie wollen uns umarmen. Sie sind so dicht bei uns – näher geht nicht.

Kein Wunder: Denn Mensch und Engel gehören zusammen. Der Mensch braucht den Engel, und der Engel braucht den Menschen. Nur zusammen sind wir komplett.

Und zusammen werden wir für große und kleine Wunder in unserem Leben sorgen. Ob sie groß oder klein sind – das hängt übrigens nur davon ab, wofür du bereit bist. Bist du für große Wunder bereit, wirst du große Wunder erleben. Hältst du nur kleine Wunder für möglich, bekommst du kleine. Aber das wäre ja immerhin auch schon mal ein Anfang.

Zusammen sind wir und die Engel ein tolles Team. Zusammen können wir die Welt verändern: unsere eigene Welt auf jeden Fall!

Erinnere dich

In welchen Situationen hattest du schon mal das Gefühl, dass dein Schutzengel dich beschützt oder vor Schlimmerem bewahrt hat? Wann hast du schon mal gesagt: »Da hatte ich wohl einen Schutzengel«?

....

....

....

....

....

Also, ich hatte auch schon mehrere solche Erlebnisse: Ganz extrem hat mich mein Schutzengel bei einem schweren Unfall auf der Autobahn beschützt. Ein Reifen ging kaputt, und mein Auto hat sich auf der vollen Autobahn dreimal über alle drei Spuren gedreht, ist anschließend unter dem hinteren Teil eines Lastwagens hindurchgerast und dann in die Leitplanken geknallt.

Ich bin ausgestiegen – und hatte keinen Kratzer. Die anderen Autos haben angehalten, die Leute sind ausgestiegen, und eine Frau sagte zu mir: »Ein Wunder – Sie leben!« Da hat mein Schutzengel ganze Arbeit geleistet. Gut, dass wir sie haben ...

P.S. Danke noch mal, mein lieber Schutzengel!

Engel sind die Verbindung
zwischen uns und den
Möglichkeiten des Universums.
Engel verbinden uns mit den
himmlischen Möglichkeiten.

Kann es sein, dass fast
alles möglich ist?

Ein Landeplatz für unsere Engel

Um die Engel leichter in unser Leben einzuladen, sollten wir einige Kleinigkeiten beachten. Zunächst einmal sollte unsere Wohnung Harmonie ausstrahlen. Am besten schaffen wir also etwas Ordnung, denn nur in einer aufgeräumten Atmosphäre kann es ein aufgeräumter Geist aushalten. Engel sind klare Wesen – natürlich bevorzugen sie die Ordnung und nicht das Chaos.

Verbreiten wir daher eine wunderschöne Harmonie in unserem Zuhause. Wenn du beispielsweise Kerzen oder frische Blumen in deiner Wohnung aufstellst, verändert sich sofort die Atmosphäre – sie strahlt Frieden, Geborgenheit und Freude aus. Das spürst du selbst auch. Und auch deine Augen saugen die Farben auf, deine Nase den Duft – kurzum:

Wir geben unserer Seele
Nahrung und schaffen
dazu noch einen
perfekten »Landeplatz«
für unsere Engel.
Bist du bereit?

Angels welcome!

Ist dein Engel-Landeplatz bereit?

Auf einer Skala von 1 bis 10: Ist dein Zuhause jetzt schon ein Landeplatz für Engel? 10 wäre der perfekte Landplatz.

Schau dich um und antworte spontan: Ist dein Zuhause ein Landeplatz für Engel?

|--------|--------|--------|--------|--------|--------|--------|--------|--------|

1 2 3 4 5 6 7 8 9 10

Bei Antworten unter 8: Du weißt, was du zu tun hast …

Laden wir die Engel in unser Leben ein: Es wird ein Vorher und ein Nachher geben

Dieser Schritt kommt dir vielleicht zu Beginn etwas merkwürdig vor. Aber Tatsache ist, dass die Engel nur in unser Leben treten und mit uns zusammenarbeiten dürfen, wenn wir sie ausdrücklich und bewusst dazu einladen.

Du fragst, woher ich das wissen will?

Erfahrung! Ich habe es seit Jahrzehnten beobachtet, und es wird immer und immer wieder bestätigt. Menschen, die Engel in ihr Leben einladen, um mit ihnen zusammenzuarbeiten, scheinen auf eine wunderbare Weise geführt zu werden: Diesen Menschen passieren die tollsten »Zu-fälle«, Türen öffnen sich plötzlich, die lange Zeit verschlossen schienen, sie begegnen den richtigen Menschen und bekommen die richtigen Hinweise zur richtigen Zeit.

Natürlich legen sich auch diesen Menschen manchmal Steine und kleine Felsbrocken in den Weg – das ist das Leben. Aber wer die Engel an seiner Seite hat, muss nicht allein über diese Steine klettern. Er wird über die Hindernisse des Lebens hinweggetragen.

Also, halten wir fest: Wir Menschen müssen uns mit unserem freien Willen bewusst für die Zusammenarbeit mit den Engeln – oder unseren himmlischen Helfern oder universellen Boten, nenn sie, wie du möchtest – entscheiden. Was hilft dabei (neben der Harmonie in unserem Zuhause)?

- Entschleunigen wir, und machen wir uns empfänglich für die Unterstützung der Engel.
- Ziehen wir uns ein wenig zurück, und machen wir uns in der Stille bereit, unsere himmlischen Helfer zu hören. Nur, wenn wir auch mal aufhören zu plappern, können wir das Flüstern der Engel hören. Am Anfang kommt es uns wirklich vor wie ein Flüstern – weil wir noch nicht so geübt sind. Sobald wir aber etwas mehr Erfahrung haben, können wir unsere Engel auch im größten Radau hören.
- Wenn wir uns nicht bereit für diese Kräfte machen und uns nicht auf die leichtere Energie einstimmen, können wir leider nicht gut mit den Engeln zusammenarbeiten. Dann handeln wir nämlich auf einer anderen Ebene als sie und hören sie nicht. Wir hören ihre Antworten nicht.

Es wird ein Vorher geben – ein Vorher, in dem du dich öfter mal allein fühltest oder nicht wusstest, was du tun sollst.

Und es wird ein Nachher geben – ein Leben voller Magie und Möglichkeiten, voller Wärme und Geborgenheit. Ein himmlisches Leben eben …

So, und nun zu unserer Einladung, zu unserem ersten Date mit einem Engel: mit unserem Schutzengel. Am besten machst du eine richtige kleine Zeremonie aus deiner Einladung. Es ist schließlich ein großer Wendepunkt in deinem Leben.

Lade deinen Schutzengel ein

Suche dir einen ruhigen Ort, an dem du nicht gestört wirst. Das ist wirklich sehr wichtig, denn sonst funktioniert es nicht. Stell Blumen hin, zünde eine Kerze an. Wenn du möchtest, kannst du auch sanfte, beruhigende Musik anmachen - kurzum, schaffe dir eine beinahe himmlische Atmosphäre. Schaffe dir und deinem Engel den Himmel auf Erden. Er soll sich ja wohlfühlen bei dir.

Durch eine schöne Umgebung erheben wir uns auch selbst aus dem Dunklen und Schweren. Wir machen uns leichter und heller. Wir machen uns offener und aufnahmebereit für die schönen Dinge im Leben und bereit für die Kommunikation mit den Engeln.

Überleg mal, mit wem du dich jetzt austauschen wirst! Das

ist schon etwas ganz Besonderes. Du bekommst einen Gast – und was für einen! Also sorge dafür, dass du ganz bequem sitzt … und dann kann es eigentlich schon losgehen. Die äußeren Voraussetzungen sind geschaffen, und wenn du nun auch noch innerlich bereit bist, kann das Fest beginnen.

*Tauche ein in diese neue Welt –
du wirst begeistert sein.*

Aber ganz ehrlich: Inwieweit bist du wirklich bereit für deinen Engel? Wenn du Gäste einlädst, musst du bereit sein, sie zu empfangen. Wenn du die Tür nicht aufmachst, kannst du einladen, so viel du willst.

Also: Machen wir gedanklich die Tür auf …

So stellst du den Kontakt her

Hier eine ganz praktische Anleitung:

Schritt 1: Atmen und Entspannen

Schließe deine Augen und ent-spanne dich. Geh ganz bewusst in die Stille - du weißt ja: Nur wer in der Stille ist, kann hören.

Atme mehrere Male tief ein und aus, und verbinde dich mit ... ich nenne es jetzt mal ... deiner himmlischen Quelle.

Beim Einatmen langsam bis drei zählen und beim Ausatmen, das doppelt so lange sein sollte, bis sechs zählen.

LAUSCHEN -	FÜHLEN -	ATMEN	-	VERSENKEN
1	2	3		1 2 3 4 5 6

Während du einatmest, zählst du also langsam bis drei und wirst allmählich still. Auf diese Weise kannst du dich ganz leicht aus den Geräuschen, Störfaktoren und Ablenkungen der äußeren Welt ausklinken und dich besser auf dein Inneres konzentrieren. Du wirst innerlich ruhig. Das Zählen bewirkt, dass es keinen Platz mehr für andere Gedanken gibt. Das ist sehr hilfreich.

Das anschließende Ausatmen soll doppelt so lang wie das Einatmen dauern, und deshalb solltest du nun bis sechs zählen und währenddessen innerlich spüren, wie du mehr und mehr in dir ankommst, dich also »versenkst«.

Normalerweise passiert häufig dies: Du setzt dich bequem hin und möchtest ruhig werden – und schon kommen die Gedanken dazwischen. Gedanken wie »Was soll ich heute kochen?« oder »Nachher muss ich noch xy anrufen« oder oder ... Das kennst du ja bestimmt. Das geht uns allen so.

Damit uns diese störenden Alltagsgedanken nicht unsere himmlische Kontaktaufnahme vermasseln, wenden wir den Trick mit dem Zählen an. Alternativ kannst du innerlich auch statt der Zahlen »eins, zwei, drei«, die Worte »Lauschen, Fühlen, Atmen« aufsagen. Das hat die gleiche Wirkung.

Übrigens: Diese Übung – einatmen und doppelt so lange ausatmen – solltest du jeden Tag machen, irgendwann zwischendurch. Das ist altes ayurvedisches Wissen und ein wahrer Gesundbrunnen – wirksamer als viele Nahrungsergänzungsmittelchen.

Im zweiten Schritt der Übung findest du deinen geistigen Entspannungsort. Du kreierst dir in Gedanken einen Wohlfühlplatz. Ich gebe dir mal ein Beispiel und beschreibe dir den Ort, den ich mir persönlich immer vorstelle.

Ich schließe meine Augen, gehe über eine Holzbrücke und komme an ein herrliches Plätzchen: eine tropische Landschaft mit farbenprächtigen Pflanzen, wunderschönem Vogelgezwitscher, einem kleinen plätschernden Wasserfall, der auf einer kleinen Lichtung in einen Bach fließt. Und auf einer Seite des Bachs steht eine Schaukel. Das sanfte Sonnenlicht scheint gedämpft durch die Pflanzen und spiegelt sich in dem grünlichen Wasser des kleinen Bachs, der wie eine Lagune wirkt. Die Schaukel besteht aus einem Doppelsitz mit Rückenlehne.

Ich betrete die Lichtung, atme tief ein und aus und sauge die wundervolle Atmosphäre dieses Ortes in mich ein. Dann setze ich mich auf die Schaukel und bin herrlich entspannt und voller Vorfreude.

Das ist der Moment!

Der Moment, in dem ich meinen Schutzengel rufen kann.

Schritt 2: Dein Wohlfühlort

Probier es nun selbst. Erschaffe dir einen Ort, den du in Gedanken besuchen gehst. Oder du kommst für einen Moment auf meine Lichtung und setzt dich auf die Schaukel. Wo auch immer - genieße die Umgebung und entspanne dich.

Deine persönliche geistige Entspannungsoase kann natürlich auch ein völlig anderer Ort sein als meine tropische Landschaft. Es kann ein Platz am Meer sein oder eine Bank auf einer Wiese. Es kann eine Hütte in den Bergen sein oder ein Floß auf einem Fluss. Es kann ein Platz unter einem wunderschönen Baum sein oder auch einfach dein Sofa zu Hause, wo du mit einer Tasse duftendem Tee sitzt.

Wichtig ist nur, dass dieser Platz zu dir passt und du dich dort wohl- und glücklich fühlst. Es könnte auch eine kleine Strandbar im Süden sein oder eine Insel in den Schären Schwedens, ein Platz im Sand in einer Wüstenoase abends unterm Sternenhimmel oder die Bank vorm Taj Mahal in Indien ...

Du kreierst diesen Ort. Es gibt keine Grenzen. Fühl dich frei – grenzenlos frei. Der einzige Parameter ist, dass du dich wohlfühlst – in dir selbst wohlfühlst. Und dass du dich bereit fühlst.

Das Schöne an diesem Ort ist, er kann – und soll eigentlich auch – ein immer wiederkehrender Treffpunkt für dich und deine Engel sein. Dieser Ort wird quasi euer Besprechungsort. Gerade am Anfang eurer Freundschaft, wenn ihr euch aneinander gewöhnt, kann das unterstützend sein.

Dieser Rückzugsort schafft dir zu Beginn die beste Möglichkeit, deine Engel zu treffen. Dein Kopf weiß dann auch: Okay, an diesem Ort treffen wir unsere Engel. So zweifelt er nicht. Das ist sehr hilfreich.

Wenn du später etwas sensibler, feinfühliger und geübter im Umgang mit deinen himmlischen Helfern geworden bist, kannst du natürlich zu jeder Zeit und an jedem Ort der Welt mit deinen Engeln in Kontakt treten. Immer und überall!

Schritt 3: Du rufst deinen Schutzengel zu dir

Du befindest dich nun gedanklich an deinem Rückzugsort, an dem »Treffpunkt« für dich und deinen Engel. Nehmen wir mal an, du wärest mit an meinen »Besprechungsplatz gekommen, dann würdest du jetzt auf der Schaukel sitzen und deinem Schutzengel sagen, dass du ihn treffen möchtest. Du sagst ihm, er soll sich doch bitte neben dich auf deine Schaukel setzen.

Und nun fühle die Vorfreude auf das Treffen: Lache, sei glücklich und fühle, wie du deinen himmlischen Helfer anziehst. Wenn du so entspannt und freudig bist, bist du ein echter Magnet für deinen Engel. Und wahrscheinlich wirst du schon im nächsten Moment seine Anwesenheit spüren.

Wenn ihr beide dann zusammengefunden habt, kannst du alles mit deinem Engel besprechen: alles, was dir auf der Seele liegt, oder auch Dinge, die dich besonders glücklich machen.

Es ist eure Beziehung, erzählt euch, was ihr möchtet. Ihr seid beste Freunde - nein, mehr noch: Ihr seid eine Einheit, ihr seid eins. Ihr gehört schon immer zusammen. Und jetzt habt ihr euch endlich wiedergefunden ...

Dieses Gefühl, wenn du spürst, dass dein Schutzengel bei dir ist, ist so bewegend und wunderschön – ein Gänsehaut-Moment. Oft strömt dann eine Welle der Wärme und Geborgenheit durch unseren Körper, und manchmal fließen auch

Glückstränchen. Denn instinktiv spüren wir, dass das der Beginn einer lebenslangen tiefen Verbindung ist.

Du weißt tief in dir: Jetzt wird alles gut.

**Das ist der Beginn einer lebenslangen tiefen Freundschaft.
Tiefer geht nicht. Bedingungsloser geht nicht. Geliebter geht nicht.**

Die lieben Zweifel …

Unser Verstand zweifelt ja besonders am Anfang sehr gern. Du kennst das sicher. Er hält sich lieber an »Fakten«, die er kennt. Dinge und Erfahrungen, die neu sind, werden von ihm kritisch beäugt.

Aber nach einer gewissen Zeit beginnt der Verstand zu verstehen und zu realisieren, dass es diese himmlische Welt tatsächlich gibt. Und so erweitern wir die »Faktenlage« unseres begrenzten Verstandes – Stück für Stück, Wunder für Wunder.

Je öfter unser Verstand miterlebt, was alles möglich ist, umso selbstverständlicher wird es für ihn. Und nach einiger Zeit akzeptiert er und lässt uns unsere Wunder. Es hat zwar vielleicht etwas gedauert. Aber immerhin, der Verstand hat dazugelernt.

Geht doch.

Jetzt hat der Verstand verstanden,
dass Wunder Realität sind.
Jetzt hat der Verstand verstanden,
dass Wunder Fakten sind.

»Wer nicht an Wunder glaubt,
ist kein Realist«, sagt Ben Gurion.

Ein himmlisches Gespräch

Fragt ein Engel einen anderen Engel:
»Glaubst du eigentlich an Menschen?«

Denk dran:
Es gibt immer auch eine andere Seite.

Der Sender der Engel

Du kennst ja sicherlich die Radiometapher. Stell dir mal kurz vor, du würdest funktionieren wie ein Radio.

Zuerst nimmst du bei einem solchen Gerät eventuell nur ein Rauschen wahr. Dann, auf einmal, ist die Antenne bestens ausgerichtet, und du kannst plötzlich unglaublich viele Sender empfangen – je nachdem, welche Frequenz du einstellst.

Und da sind wir: bei der Frequenz.

Die Frequenz bestimmt, was du hörst. Es ist nicht das Radio selbst – es ist die Frequenz, die es empfängt. Und diese Frequenz ist vergleichbar mit deiner Energie – mit der Schwingung, die du aussendest.

Die Frage ist nun: Welche Frequenz möchtest du empfangen? Welche Frequenz stellst du ein? Die Frequenz »Alles ist mühsam und anstrengend«? Oder lieber eine andere? Eine leichtere Frequenz wäre beispielsweise: »Ich freu mich auf die Erfüllung.«

Mit unserer Einstellung, unseren Gedanken und Gefühlen bestimmen wir, was wir »empfangen« werden – was wir also in unser Leben ziehen werden. Das ist das Gesetz der Anziehung. Es besagt: Du ziehst an, was du aussendest. Das, was du selbst aussendest, kommt wieder zu dir zurück.

Wenn also deine Gedankenfrequenz aussendet: »Das Leben ist so anstrengend und mühevoll«, dann wirst du leider genau das in dein Leben ziehen, nämlich, dass dein Leben anstrengend und mühsam ist.

Der »Himmel« antwortet auf der Frequenz, die wir aussenden. Deshalb ist es so entscheidend, dass wir darauf achten, dass wir nur das aussenden, was wir auch wieder in unser Leben ziehen möchten.

Im Moment haben die meisten von uns noch die Frequenz »Alltagsprobleme« eingestellt. Da wir aber wissen, dass wir die Frequenz, die wir aussenden, auch wieder empfangen, wäre es ja irgendwie unclever von uns, wenn wir weiterhin auf der Sorgenwelle surfen würden.

Ich schlage vor: Wir machen einen Game-Change. Wir stellen ab jetzt die himmlische Frequenz ein. Wir switchen um von der »Sorgenfrequenz« zur »Engelfrequenz«.

Stellen wir also den Sender ein, mit dem wir uns für den Austausch und den Kontakt mit den Engeln öffnen können. Kurz: den Engelkanal. Nur wenn wir den richtigen Sender finden und einen klaren Empfang haben, können wir die Engel hören.

Natürlich brauchst du für dein Radio auch eine Antenne. Sonst klappt der Empfang nicht immer reibungslos und störungsfrei. Und die Antenne, das sind in diesem Fall vor allem deine Gedanken und deine innere Einstellung.

Vielleicht ist der Empfang zunächst noch nicht so klar, und es rauscht noch etwas. Dreh dann den Knopf einfach so lange hin und her, verstell die Antenne, langsam wird der Empfang klarer und klarer werden. Das heißt: Achte auf die Gedanken und Gefühle, die du denkst und fühlst. Jeder Gedanke, jedes Gefühl ist Energie. Und diese Energie verpufft nicht einfach irgendwo im Universum. Diese Energie zieht etwas mit der gleichen Energie an und bringt es uns zurück.

Also achte immer darauf, dass du überwiegend positive, freundliche, lebensbejahende Gedanken und Gefühle hast.

Das ist es ja, was du anziehen möchtest.

Ein schönes Alltagsspiel, um dich immer wieder daran zu erinnern, ist dieses: Jeder Engel, den du im Außen siehst – als Figur in einem Geschäft, Abbildungen auf T-Shirts, Servietten oder wie und wo auch immer – ist eine Erinnerung, kurz auf deine Gedanken und Gefühle zu achten und zu schauen, ob du noch im positiven Bereich bist.

Jeder Engel ist für mich ein himmlischer Anstupser, eine himmlische Erinnerung, die sagt: »Bleib positiv, wir sind bei dir.« Und jetzt achte mal darauf, wo und wann dir deine Engel das »zuflüstern«. Manchmal wird sogar das Einkaufen dadurch magisch.

Aber zurück zu unserem Engelsender: Menschen, die den Engelsender nicht kennen, kommen logischerweise noch nicht einmal auf die Idee, ihn überhaupt zu suchen. Wer ihn aber kennt, der hört ihn am liebsten ständig! Schließlich ist diese Frequenz *deine* Frequenz – eine Frequenz nur zwischen dir und deinen himmlischen Boten.

Also: Sobald du deine Antennen auf die universellen Boten und die damit verbundenen Möglichkeiten ausgerichtet hast, wirst du auf dieser Frequenz empfangen.

Wenn du deine Antenne dauernd auf Probleme und Sorgen richtest, empfängst du auf der Sorgenfrequenz. Wir wollen aber viiiiel lieber den Sender der Wunder und Möglichkeiten hören, den Sender »Ab jetzt bin ich offen für alle Möglichkeiten«.

Einen Engel erleben

Woran erkennen wir, dass ein Engel an unserer Seite ist? Kann man ihn sehen? Oder wie muss man sich das vorstellen?

Da gibt es ganz unterschiedliche Erfahrungen. Es gibt tatsächlich Menschen, die Engel sehen können. Diese Menschen gibt es in allen Kulturen, aber sie sind dennoch, insgesamt gesehen, die Ausnahme.

Wir müssen uns klarmachen, dass Engel in einem anderen Schwingungsbereich existieren. Sie sind feinstofflich, während wir Menschen eher grobstofflich sind und auf der schweren materiellen Ebene existieren. Wir wissen zwar, dass es einen feinstofflicheren Bereich gibt, können diesen aber mit unseren Augen meist nicht sehen.

Aber es gibt etwas, das wir alle können. Wir können Schwingungen wahrnehmen. Ich gebe dir mal ein Beispiel: Du betrittst einen Raum, in dem kurz vorher ein heftiger Streit stattgefunden hat. Was wirst du empfinden, wenn du in diesen Raum kommst (obwohl du von dem Streit nichts weißt)? Du wirst dich unwohl fühlen. Jeder wird sich hier unwohl fühlen.

Wir alle nehmen Schwingungen wahr – wir können es oft gar nicht in Worte fassen, aber wir fühlen etwas. Wir fühlen, ob die Atmosphäre angenehm und positiv ist oder eben nicht. Das kennst du ja bestimmt auch.

Wenn du also deine Engel rufst, dann wirst du mit deinem ganzen Körper die Anwesenheit dieser himmlischen Wesen fühlen. Die Atmosphäre im ganzen Raum ändert sich – sie wird leichter und schöner, himmlischer eben.

Und mit dieser Atmosphäre werden auch wir selbst leichter und irgendwie himmlischer. Jedenfalls können wir uns in so einer Atmosphäre ganz leicht mit den Engeln verbinden. Es ist, als würden sich die feinstoffliche und die grobstoffliche Ebenen annähern, ja sogar berühren.

Ich glaube, das tun sie in diesen Momenten wirklich.

Wir können also die Anwesenheit unserer Engel fühlen. Und mehr noch. Manchmal können wir sie sogar riechen. Das funktioniert nicht immer, aber doch recht häufig. Dazu musst du quasi einen Erkennungsduft für deinem Engel haben.

Bei mir ist das ein zarter Rosenduft. Wenn ich meinen Engel rufe, dann nehme ich manchmal – nicht immer, aber immer öfter – einen Hauch von einem Rosenduft wahr. Wenn ich diesen leichten, fast unwirklichen Rosenduft erschnuppere, dann ist das Glück pur. Dann weiß ich: Wie schön, da ist noch jemand!

Mir haben Leute schon von den unterschiedlichsten Engeldüften erzählt: Für die einen ist es Sandelholz, für die anderen ein Duft aus der Kindheit. Achte mal darauf, bei welchem Duft du das Gefühl hast, dass dein Engel bei dir ist. Diese Duftverbindung hält ein Leben lang.

Last but not least kannst du deinen Engel auch körperlich fühlen. Du kannst ihn zum Beispiel bitten, seine Hand auf deine rechte oder linke Schulter zu legen.

Das kannst du jetzt gleich mal ausprobieren. Komm, wir machen das zusammen: Lieber Schutzengel, zeig uns, dass du bei uns bist. Bitte leg deine Hand auf unsere rechte Schulter.

Und nun schließ kurz deine Augen. Kannst du die Hand spüren?

Falls es beim ersten Mal nicht gleich funktioniert, versuche es einfach noch mal. Manchmal sind wir am Anfang zu angespannt. Aber wenn wir lockerlassen, dann klappt es. Ich liebe dieses Gefühl – es ist irgendwie erhebend.

Baue eine persönliche Beziehung zu deinem Engel auf

So, jetzt hast du schon einmal einen ersten Eindruck von deinem Schutzengel bekommen. Du weißt jetzt, wie du dich einstimmen musst, sodass du ihn wahrnehmen und mit ihm kommunizieren kannst. Jetzt müsst ihr beide euch nur noch näher und besser kennenlernen.

Als Erstes solltest du den Namen deines Schutzengels herausfinden. Das ist gar nicht so schwer, wie du vielleicht jetzt denkst. Es ist sogar ganz einfach.

Du fragst, ob dein Engel tatsächlich einen Namen hat? Ja, hat er – genauso wie wir, du und ich, auch einen Namen für das jetzige Leben haben.

Und so erfährst du den Namen deines Engels:

Wie heißt dein Schutzengel?

Zieh dich noch einmal an deinen geistigen Entspannungsort, deine Gedankenoase zurück, oder komm auf unsere Schaukel. Sobald du dich gedanklich dort eingerichtet hast und ganz entspannt bist, denke ganz intensiv an deinen Engel, spüre seine Anwesenheit, und dann frage ihn nach seinem Namen. Frage also ganz einfach: »Wie heißt du, mein Schutzengel?«

Der Name, der dir dann zuerst in den Kopf kommt, ist der Name deines Schutzengels.

Also, wie heißt dein Schutzengel?

....

Wenn du nicht den vollen Namen hier hinschreiben möchtest, dann notiere nur den Anfangsbuchstaben. Beginnt der Name deines Schutzengels mit A? Oder mit S? Oder mit M? Oder ...?

Es ist wichtig den Namen zu kennen, denn so wird dein Schutzengel realer. Er nimmt Gestalt für dich an und wird so zu einem echten Ansprechpartner. Es ist schließlich dein Lebensbegleiter, da sollte man schon den Namen kennen.

Du kannst ihn ab jetzt immer rufen, ihn persönlich ansprechen, ihn mehr und mehr in deinen Alltag einbeziehen. Es ist ja ein Unterschied, ob wir rufen: »Universelle Helfer, ich hab da eine Frage ...«, oder ob wir unseren Schutzengel ganz persönlich ansprechen, also zum Beispiel: »Raphael oder Emma oder Maria, ich hab eine Frage ...« Spürst du den Unterschied?

Und was du auch bemerken wirst: Der Name deines Engels wird dir ab jetzt viel öfter begegnen. Das ist total interessant und spannend. Meistens, wenn ich ein Problem habe, lese ich kurze Zeit später irgendwo »zufällig« den Namen meines Schutzengels (und dieser Name ist wirklich selten). Dann weiß ich sofort: Alles wird gut. Mein Schutzengel ist bei mir. Das wird dir ab jetzt auch so gehen.

Eigentlich müsste ich inzwischen absolut verinnerlicht haben, dass mein Schutzengel sowieso *immer* da ist, aber in Krisenzeiten brauche ich dann doch ab und zu mal eine kleine Erinnerung. Die kommt dann aber auch immer. Danke dafür, meine lieben Engel.

Je besser ihr beiden, du und dein Schutzengel, euch kennenlernt, umso glücklicher wird euer – ab jetzt gemeinsames – Leben werden. Denn schließlich seid ihr ja ein Team. Mehr noch: beste Freunde, Verbündete fürs Leben.

Dein Engel wird dein treuester
und bester Freund, ganz bald.
Er wird für immer an deiner
Seite bleiben – ganz egal,
was auch geschieht.

Die Sprache der Engel

Du musst eigentlich keine bestimmte Sprache lernen, um mit deinem Engel reden zu können. Du musst auch keine Gebete oder andere vorgefertigten Texte sprechen. Am besten, du redest einfach so, wie du es immer tust. Verstell dich nicht. Dein Engel mag dich genau so, wie du bist.

Es gibt nur eine einzige »Sprache«, die den Kontakt mit deinem Engel und allem, was mit dem Universum zu tun hat, intensiviert, und das ist »Kosmisch«. Kosmisch ist aber eigentlich auch eher ein Lebensstil.

Sprichst (und lebst) du schon Kosmisch? Wenn nicht, dann kannst du es ja mal ausprobieren – es ist ganz einfach und unfassbar effektiv.

»Kosmisch« bedeutet, die eigene Schwingung zu erhöhen. Du weißt ja, die Engel leben in einem feinstofflichen Bereich und wir Menschen auf einer eher grobstofflichen Ebene. Die Engel und wir – wir leben zur selben Zeit am selben Ort, nur auf unterschiedlichen Ebenen. Indem wir unsere eigene Schwingung erhöhen, verkleinern wir den Abstand und nähern uns der feinstofflichen Ebene.

Wie aber machen wir das?

Indem wir alles, was uns schwer macht, nach und nach auflösen. Schwere Gedanken, schwere Gefühle, dicke Luft, negative Worte … das sind alles Dinge, die nicht kosmisch sind.

Um dir den Unterschied zwischen kosmisch und der Art,

wie wir alle im Moment noch leben, nämlich irdisch, zu zeigen, hier eine kleine Kostprobe:

Auf Irdisch heißt es …	Auf Kosmisch wird daraus …
Ich habe ein Problem.	Ich freue mich auf die Lösung.
Ich bin wütend und sauer.	Ich bin in meiner Mitte.
Ich fühle mich einsam.	Ich werde getragen.
Es klappt nicht.	Es wird wundervoll.
Hektik und Stress	Ruhe und Entspannung
Ärger und Streit	Harmonie
Feindschaft	Freundschaft
Härte	Sanftheit
Mangel	Fülle
Opfer	Schöpfer

Das ist der Unterscheid zwischen dem kosmischen Lifestyle und dem irdischen. Engel sprechen Kosmisch. Es ist die Sprache, die aus dem Herzen kommt. Es gibt viele Sprachen auf dieser Welt. Viele, viele Sprachen, die aus dem Mund kommen. Aber es gibt nur eine Sprache, die aus dem Herzen kommt. Rede gern mit deinem Engel, wie dir der Schnabel gewachsen ist. Hauptsache, es kommt von Herzen.

Sprich einfach mit deinem Engel, wie man eben mit seinem besten und treusten Freund spricht.

Engel lieben uns dafür, dass wir mit ihnen reden und sie in unserem Leben wirken lassen – und nicht dafür, dass wir irgendwelche Gebete runterleiern! Sprache darf keine Barriere zwischen euch sein. Es gibt keine vorgefertigten Sprachmuster im Umgang mit den Engeln.

Nur eins solltest du wissen: Es gibt Wörter, die lieben unsere Engel ganz besonders. Zum Beispiel das Wort »Danke«! Das ist ein magisches Wort. (Es gibt noch mehr von diesen magischen Wörtern. Mehr darüber kannst du in meinem Buch *Sprichst du schon Kosmisch?* nachlesen.) Ich nenne diese Wörter auch gern Zauberwörter oder Schwingungserhöhungs-Wörter. Also Wörter, die unsere Schwingung erhöhen und uns dadurch den Engeln näherbringen.

Kleine Kostprobe der Zauberwörter: Danke, Glück, Ja, Gern, Fülle, Erschaffen ...

Engelspiele

Eine besonders schöne Art der Kommunikation mit den Engeln ist das Spielerische. Sobald wir offen und bereit sind, mit den Engeln zu spielen, passieren jede Menge aufregende und auch amüsante Dinge in unserem Alltag. Engel haben Spaß an Spielen – und sie haben einen echt köstlichen Humor. Das wirst du bald erleben.

Um Übung im spielerischen Sein mit den Engeln zu bekommen, können wir mit ganz leichten Aufgaben, Spielchen, beginnen. Ein beliebtes Beispiel ist dieses – kennst du bestimmt schon:

Du fährst mit dem Auto zu einem bestimmten Ziel und möchtest gleich davor einen Parkplatz finden. Da es dort immer sehr voll ist, ist genau das aber eher unwahrscheinlich.

Jetzt allerdings nicht mehr: Du schickst einfach deinen Schutzengel schon mal vor und sagst ihm, dass du dort parken möchtest. Und in dem Moment, wo du am Zielort ankommst, fährt garantiert »zufällig« gerade jemand aus einer Parklücke heraus ... Sag dann einfach Danke und freu dich!

Das macht so einen Spaß und klappt immer! Du kannst natürlich auch beim Universum einen Parkplatz bestellen. Egal, welche himmlische Unterstützung du wählst – es klappt immer und ist absolut faszinierend. Denn wenn das mit dem Parkplatz klappt, dann geht ja noch viel, viel mehr.

Das Parkplatz-Spielchen ist eine einfache und effektive Methode, um zu üben, die himmlischen Helfer stärker in unser Leben zu ziehen – vorausgesetzt, du fährst Auto. Aber es gibt unendlich viele weitere Möglichkeiten, mit unseren Engeln zu spielen. Du kannst zum Beispiel auch einfach mal fragen, ob dein Engel noch da ist.

Mach das mal! Wetten, du liest gleich darauf irgendwo seinen (oder ihren) Namen? Oder du schlägst eine Zeitung auf, und da steht: »Guten Morgen, mein Engel.«

Die Engel antworten immer – lass dich überraschen, wie. Es wird auf jeden Fall sehr spannend und auch fröhlich. Wenn wir uns unseren Engeln anvertrauen, dann können wir ab sofort optimistisch sein und glücklich in unsere Zukunft schauen.

Denn unser Engel wird dafür sorgen, dass wir ab jetzt immer zur richtigen Zeit am richtigen Ort sind.

Wir bekommen die richtigen Hinweise zur genau passenden Zeit. Manchmal von ganz fremden Menschen, die plötzlich in unserem Leben auftauchen. Rate mal, wer sie uns geschickt hat …

Manchmal, wenn die Wellen des Alltags wieder mal etwas höher schlagen, dann kann es passieren, dass man das Gefühl hat, völlig allein zu sein. Man fühlt sich verlassen und überfordert, und himmlische Unterstützung scheint es nicht zu geben. Der Schutzengel scheint im Urlaub zu sein, jedenfalls momentan nicht bei uns.

Das scheint aber nur so.

Wenn du jemals dieses Gefühl haben solltest, dann rufe ihn. Rufe laut oder in Gedanken: »Hallo, wo bist du? Bist du da?« Du wirst sehr schnell eine Antwort bekommen, das ist sicher. Du musst aber etwas aufmerksam sein. Denn die Antwort kann unterschiedlich ausfallen.

Also, Engelantennen ausfahren!

Es gibt viele Möglichkeiten, wie sich Engel bemerkbar machen:

- Das nächste Lied im Radio ist vielleicht »Angel«.
- Oder du liest das Wort »Engel« irgendwo.
- Oder das Licht geht an und aus.
- Oder du spürst plötzlich ein Gefühl der Geborgenheit, wie eine Umarmung, die dir das Herz öffnet.
- …

Wie auch immer: Dein Engel wird sich bemerkbar machen – das ist sicher. Gestern zum Beispiel hatte ich etwas Stress, es hatte sich mir mal wieder ein kleiner Felsbrocken in den Weg gelegt. Ich war mit meinem Auto unterwegs und habe gefragt: »Was soll das? Engel, seid ihr überhaupt noch da?« In dem Moment bog ein Kleinbus vor mir ein. Ich wollte mich schon ärgern – auch das noch! Da sah ich die Aufschrift auf der Rückseite des Fahrzeugs: »Die blauen Engel – wir sind für Sie da.«

Sofort war ich vom Stressniveau 100 wieder runter auf Gelassenheit. Danke. Diese Engel – was die sich immer einfallen lassen ...

Was auch relativ häufig geschieht: Dich beschäftigt in Gedanken etwas. Kurze Zeit später nimmst du »zufällig« ein Buch aus dem Regal, und ein Zettel fällt heraus. Und auf diesem Zettel steht etwas, das dir die Augen öffnet. Und wer hat dich dazu gebracht, dieses Buch in die Hand zu nehmen? Rate mal ...

Es gibt so viele Möglichkeiten, wie es Verbindungen zwischen Menschen und Engeln gibt. Jede Verbindung, jedes Miteinander ist etwas ganz Besonderes. Die Engel lassen sich immer etwas einfallen. Ich bin gespannt, wie die Engel deine Welt auf den Kopf stellen und wie sich eure Kommunikation gestalten wird. Schreib mir gern, wie deine Engel dich überraschen. Ich liebe diese Geschichten. Du findest meine Kontaktdaten hinten im Buch.

Was feststeht: Es macht unglaublich viel Spaß, sich auf diese himmlischen Spiele einzulassen. Einfach magisch. Und was auch feststeht, ist, dass sich dein Leben dadurch verändern wird.

Deine Freude

Auf einer Skala von 1 bis 10: Wie sehr freust du dich, deine Welt gemeinsam mit den Engeln auf den Kopf zu stellen?

|--------|--------|--------|--------|--------|--------|--------|--------|--------|

1 2 3 4 5 6 7 8 9 10

Ich freue mich jeden Tag wieder aufs Neue: 10. ☺

Ein kleines Engelspiel mit großer Wirkung

Hier noch eine kleine Kostprobe für den Humor der Engel: Neulich habe ich meinen Engeln eine Frage gestellt und um Antwort gebeten. Meine Frage war: Was soll ich als Nächstes tun?

Noch am selben Abend hat mir ein Freund (der natürlich nichts von meiner Engelfrage wusste), das folgende kleine Spielchen geschickt. Vielleicht hast du Lust, es auszuprobieren?

Was soll ich als Nächstes tun?

1. Wähle eine Zahl zwischen 1 und 9.
2. Multipliziere die Zahl mit 3.
3. Addiere 3 dazu.
4. Multipliziere das Ergebnis mit 3.
5. Bilde die Quersumme, indem du die beiden Ziffern der Zahl addierst.
6. Das Ergebnis zeigt dir, was du als Nächstes tun sollst.

Hier die Angebote

1. Schlafen
2. Chillen
3. Laufen
4. Yoga machen
5. Lesen
6. Urlaub planen
7. Freundin/Freund treffen
8. Schrank aufräumen
9. Buch schreiben
10. Meditieren
11. Spazieren gehen
12. Musik hören
13. Nachdenken

Dreimal darfst du raten, was die Antwort auf meine Frage war. (Kleiner Tipp: Das Ergebnis ist immer 9.) Wie die Engel das mal wieder eingefädelt haben! Ich liebe sie dafür! Immer und immer wieder fällt ihnen etwas Lustiges und total Überraschendes ein.

Du hast ein
ganzes
Helferteam
von Engeln

Du und deine Engel: Ein himmlisches Team

Das Tollste ist: Wir haben nicht nur einen Engel, der uns unterstützt, sondern wir haben mehrere verschiedene Engel, die in unserem Leben eine Rolle spielen, sobald wir sie dazu einladen.

Da ist einmal natürlich unser Schutzengel, mit dem du mittlerweile schon Bekanntschaft gemacht hast. Er (oder sie) ist unser persönlicher Lebensbegleiter. Mit unserem Schutzengel verbindet uns eine tiefe lebenslange Zusammengehörigkeit.

Wir brauchen unseren Schutzengel, um unseren Seelenplan zu finden und zu entfalten – und unser Engel braucht uns genauso, um seine Aufgaben tun zu können.

Das allein ist schon wunderbar. Aber das ist ja bei Weitem noch nicht alles. Es kommt noch besser, denn es gibt weitere himmlische Helfer. Jeder von uns verfügt über einen ganzen Stab von himmlischen Mitarbeitern, die nur darauf warten, von uns beschäftigt zu werden.

Es gibt tatsächlich sehr viele verschiedene Engel, die du alle in dein Leben einladen kannst. Einige bleiben länger bei dir, andere vielleicht nur für die Dauer eines bestimmten Lebensabschnittes. Noch andere sind wiederum für die Lösung einer bestimmten Aufgabe bei dir. Für einen Engel ist es Teil seiner Erfüllung, dir dabei zu helfen, deine Lebensaufgabe zu meistern.

Aber, wie gesagt: Engel treten nicht von allein in unser Leben – mit Ausnahme unseres Schutzengels, der uns ja von Anfang an begleitet und immer für uns da sein wird. Aber selbst er sollte von dir angesprochen und um Unterstützung gebeten werden. Dann kann er wirklich aktiv werden. Die anderen himmlischen Helfer brauchen meistens eine klare Einladung, einen Auftrag von uns. Aber sobald sie diesen haben, starten sie durch, und es geht los.

Also, mach dir klar und verinnerliche, dass du nie allein bist und kein Problem allein lösen musst. Kein einziges!

Genieße die Tatsache, dass dir ein ganzes Team von himmlischen Helfern und Mitarbeitern zur Verfügung steht.

Du kannst für die verschiedenen Lebensbereiche unterschiedliche Engel einsetzen. So muss der Engel, der sich um familiäre Dinge kümmern soll, nicht derselbe sein, der dir einen neuen Job besorgen soll.

Nimm dieses kosmische Angebot an, und beanspruche ruhig ein paar mehr himmlische Helfer für dein Leben – aber verzettle dich nicht. Wie das praktisch funktioniert, dazu gleich mehr ...

Die Aufgaben der Engel

Hier ein kleiner Ausschnitt aus dem Portfolio der vielfältigen Einsatzgebiete unserer Engel:

* Engel schützen uns.
* Engel helfen uns, die störenden destruktiven Gedanken und Gefühle aus unserem Leben zu entfernen.
* Engel bringen jede Menge Spaß und Humor in unser Leben.
* Engel öffnen uns Türen.
* Engel zeigen uns den richtigen Weg.
* Engel führen uns – immer zur richtigen Zeit an den richtigen Ort.
* Engel öffnen uns die Augen.
* Engel geben uns die entscheidenden Impulse.
* Engel nehmen uns die Angst.
* Engel gehen die Wege mit uns gemeinsam.

- Engel lösen unsere Probleme.
- Engel räumen Steine aus dem Weg.
- Engel finden eine Wohnung für uns.
- Engel führen uns mit einem Partner zusammen.
- Engel schicken uns Geistesblitze.
- Engel führen uns zu unserer Berufung.
- Engel geben unserer Seele Flügel.
- Engel beflügeln unser ganzes Leben.
- Engel bringen uns bei, mit dem Herzen zu denken und den Hinweisen unseres Herzens zu folgen.
  Unser Herz und unsere Engel – sie kennen sich schon lange.
- Engel helfen uns, unsere Lebensaufgabe zu erfüllen.

Engel versüßen unseren Alltag

Ein Tag ohne die Engel ist ein verschenkter Tag. Ein Tag mit den Engeln hingegen ist ein Geschenk – ein großartiges Geschenk. Sobald die Engel Bestandteil deines Lebens geworden sind, wirst du merken, dass es eigentlich ab jetzt gar keinen Alltag, so wie bisher, mehr gibt. Es gibt nur noch diese wundervollen Jetzt-Tage. Das ganze Leben wird plötzlich viel bewusster, viel spannender, viel fröhlicher, viel erfolgreicher – in jeder Hinsicht. Jeden Tag beim Aufwachen kannst du gespannt sein, was sich deine Engel für den heutigen Tag ausgedacht haben. Jedenfalls solltest du ab jetzt ständig aufmerksam sein, damit dir keine Feinheiten entgehen. Denn Engel sind sehr feinsinnig, und so sind ihre Hinweise und Zeichen auch oft fein und leise.

Sicher ist auf jeden Fall, dass du jeden einzelnen Tag unzählige Hinweise von deinen himmlischen Helfern bekommst. Spüre, dass dein Schutzengel immer um dich herum ist – auch jetzt gerade, in diesem Moment. Achte immer und immer wieder darauf – so lange, bis du keine Sekunde mehr vergisst, dass dein Schutzengel bei dir ist.

Nur zu deiner Info: Es gibt keinen Ort und keinen Zeitpunkt, an dem dein Schutzengel nicht sowieso bei dir ist. Der einzige Unterschied ist, ob du das merkst und genießt oder ob du es ignorierst. Ob du die Zeichen erkennst und ihnen folgst – oder ob sie dir egal sind.

Wie Engel helfen können

Engel können uns in jeder Situation helfen und uns schützen – in jeder. In welchem Bereich auch immer du Hilfe, Unterstützung oder Rat benötigst, du wirst sie bekommen.

Nehmen wir zum Beispiel mal an, du müsstest dringend nach XY reisen und wüsstest nicht, wie du dorthin kommen sollst. Also bittest du deine Engel um eine Lösung des Problems. Mit Sicherheit wird dann irgendein »Zufall« passieren. Du triffst jemanden, der jemanden kennt, der genau an diesen Ort fährt. Oder etwas Ähnliches wird geschehen. Du kannst absolut sicher sein: Es wird passieren. Auch wenn es zunächst vielleicht nicht danach aussieht.

Du glaubst, so einfach ist das nicht?

Doch – genauso einfach ist es.

Der Trick ist eigentlich ganz simpel: Bleib stets im Vertrauensmodus – dann kann gar nichts schiefgehen. Deine Engel lösen dein Problem für dich. Diesen Vertrauensmodus hattest du als Kind schon. Du warst in diesem Modus, bevor du *verzogen* wurdest. Weißt du, was ich meine?

Bleib ruhig und gelassen. Geh immer wieder in den Vertrauensmodus, und sei dir der Hilfe und Unterstützung sicher.

Auch wenn du in einer bestimmten Situation mal nicht weißt, wie du dich entscheiden sollst – bleib ruhig und gelassen. Die Engel werden dir Zeichen geben, welches die richtige Wahl ist, welches der richtige Weg ist.

Es kann sein, dass du zum Beispiel genau dann einen Anruf bekommst, der dir weiterhilft. Oder du erhältst eine Mail, in der die Antwort steht. Oder du triffst »zufällig« einen Menschen, der dir mit irgendeiner Auskunft oder Info – von ihm ganz unbeabsichtigt und für dich so wertvoll – den Weg weist. Du siehst, Möglichkeiten gibt es unendlich viele.

Du musst dich nur auf diese Welt einlassen und wissen, dass du immer himmlische Unterstützung bekommst. Wieder gilt: Du musst es wissen! Nicht hoffen.

Ein kleines Beispiel für Hoffen versus Wissen: »Ich *hoffe,* dass ich ein Zeichen bekomme« ist etwas völlig anderes als »Ich *weiß,* dass ich ein Zeichen bekomme«. Spürst du den Unterschied zwischen Hoffen und Wissen? Wissen macht den Unterschied.

Alles, was du tun musst, ist um Hilfe oder Unterstützung zu bitten und dann offen zu sein, diese anzunehmen. Wenn das alles ist – das kriegen wir doch hin, oder?

Die beste Entscheidung

Gibt es in deinem Leben etwas, wo du dir nicht ganz sicher bist, wie du dich entscheiden sollst? Dann frage deine Engel. Am besten jetzt gleich. Sag einfach: »Hallo, ihr lieben himmlischen Helfer. Ich hätte da etwas, wo ich mir nicht so ganz sicher bin, wie ich mich entscheiden soll ... Jetzt freue ich mich auf euer Zeichen. Und schon mal Danke.«

Du bekommst eine Antwort. Sei einfach die nächste Zeit besonders aufmerksam. Und folge den Zeichen ...

Problembewältigung mithilfe der Engel

Engel können bei allen Arten von Problemen helfen. Sogar bei tiefergehenden seelischen Problemen können sie uns eine große Stütze sein. Dabei ist der Schlüssel für die Lösung dieser Probleme das Geheimnis des Vergebens. Und diesen Schlüssel können wir durch die Zusammenarbeit mit den Engeln bekommen.

Ein großer Teil der Welt beschäftigt sich nur mit Schuld und Angst. Ein ewiges Drama, das überall gespielt wird. Schuld und Angst sind Gifte, die wir uns jeden Tag verabreichen. Und es gibt nur ein Gegenmittel: vollständige Vergebung.

Hören wir auf, irgendjemanden oder irgendetwas zu verurteilen – auch wenn's schwerfällt. Begeben wir uns auf eine neue Stufe. Genau hierbei werden uns die Engel mit Vergnügen helfen. Denn nur, wenn wir inneren Frieden spüren, können wir unsere eigene Welt heller machen.

Natürlich gehören Probleme zu unserem irdischen Leben dazu. Das ist aber nicht so tragisch, wie es auf den ersten Blick erscheint. Tragisch ist nur die Bedeutung, die wir den Problemen geben.

Grundsätzlich gilt: Verweilen wir nicht in Gedanken bei unseren Problemen. Zwar sollten wir Probleme natürlich zur Kenntnis nehmen, aber wir sollten uns niemals darin wälzen.

Das ist nämlich genau das, was wir meistens tun. Wir wälzen uns in unseren eigenen Problemen – und als ob das noch nicht genug wäre, auch in den kollektiven.

Hilfe! Das sollten wir nicht tun! Denn genau das ist es, was die Fülle abstößt.

Ein Tipp der Engel

Rechne nicht immer mit dem Schlimmsten, sondern mach dich stattdessen empfangsbereit für das Beste! Sobald du ein Problem hast, tritt gedanklich einen Moment aus deinem Leben heraus und sei einfach nur Zuschauer. Von außen siehst du mehr.

Optimist sein und den Weg des Vertrauens gehen – das ist der Trick. Hört sich an wie ein Kalenderspruch – ich weiß. Aber es wirkt! Schau optimistisch in die Zukunft, und sei überzeugt davon, dass du unendlich viel himmlische Hilfe und Unterstützung bekommst. Lass los und vertraue. Merkst du, wie sofort eine Last von deinen Schultern fällt?

Eine wunderschöne Übung

Schließe deine Augen. Entspanne dich.

Stell dir vor, wie du gemeinsam mit deinem Schutzengel auf einer watteweichen Wolke sitzt und auf dein Leben hinunterschaust.

Schau dir dein Leben - mit allem Drum und Dran - ganz in Ruhe an. So, als ob du ein Theaterstück anschauen würdest.

Frage dich: Was stimmt nicht, was läuft schief? Wo sollte ich einen anderen, einen neuen Weg einschlagen?

Die Antworten werdet ihr beide - du und dein Engel - von hier oben ganz schnell erkennen. Manchmal muss man nur den Blickwinkel ändern, und schon wird vieles klarer.

Lass dir von deinem Engel die Augen öffnen. Viel Spaß auf deiner Wolke!

Entdecke deine Fähigkeiten oder: Die Verschmelzung zweier Talente zu einer Einheit

Jeder von uns ist einzigartig. Jeder von uns hat nicht nur einen einzigartigen Fingerabdruck, sondern auch einen einmaligen inneren Kern mit ganz besonderen Fähigkeiten. Jeder hat seinen ganz eigenen Plan. Auch du hast einen. Dein Plan ist nur für dich gültig. Nicht für deine Freunde und nicht für mich – sondern ausschließlich für dich.

Bitte deinen Schutzengel, dir deinen wahren Platz in dieser Welt zu zeigen. Strebe nach dem Hellsten, dem Schönsten und Glücklichsten, was du dir für dich vorstellen kannst. Dein Engel wird dir einen Weg zeigen, dein Weltbild so zu gestalten, wie es genau richtig für dich ist.

Gib alte Muster auf und hab den Mut, unkonforme Dinge zu tun. Lass dir von deinem Engel den Weg des Lebendigwerdens zeigen. Überspringe deine Grenzen! Jeden Tag ein wenig mehr. Trau dich – genau das macht glücklich. Dein Schutzengel und all die anderen Engel werden dich tragen!

Öffne dich dieser faszinierenden Welt der Möglichkeiten, und vertraue auf deine Fähigkeiten. Keine Sorge: Du hast alle Fähigkeiten, die du brauchst. Du hast alles, was du für deinen Seelenplan benötigst.

Bekämpfe nicht deine Schwächen, das zieht dich nur runter und richtet deine Aufmerksamkeit auf die falschen Dinge. Entwickle stattdessen deine Stärken. Konzentriere dich auf deine Talente und Fähigkeiten.

Das, was du besonders gut kannst und gern tust, weist dir den Weg zu deiner Lebensaufgabe. Du hast deine Stärken, du kannst bestimmte Dinge besonders gut tun.

Worin also liegen deine Stärken?

Entdecke deinen inneren Reichtum, der bis jetzt vielleicht im Verborgenen ruht. Je nach Erziehung hatten manche von uns eventuell noch gar nicht die Gelegenheit, den eigenen Stärken zu begegnen. Dann ist jetzt die Zeit dafür.

Dass du dabei bist, deine Lebensaufgabe zu erfüllen, merkst du daran, dass sich sämtliche Türen leicht, schnell und unkompliziert öffnen lassen. Dafür sorgen deine himmlischen Helfer. Es ist, als ob eine himmlische Mannschaft vor dir hergeht und dir die Türen aufmacht. Hier entlang, bitte ... Nach dem Motto: Wir machen den Weg frei.

Unsere Fähigkeiten zu entdecken, an unseren Kern zu stoßen, unsere Seele zu finden – das ist, als ob du endlich nach Hause kommst. Nach Hause – in dein wirkliches Zuhause, in dein Seelenzuhause.

Und damit entdecken wir dann auch unseren echten Platz im Leben – unsere Aufgabe – und damit auch die unserer Engel.

Sieh die Erfüllung deiner Lebensaufgabe als gemeinsames Projekt mit deinem Schutzengel an.

Beide nehmt ihr als gleichberechtigte Partner an dem Tanz namens Leben teil. Also, verbinde dich mit deinem Engel, und lass die Verschmelzung eurer beider Talente zu einer Einheit zu. Zusammen seid ihr magisch.

Deine Engel führen dich zu deinem inneren Kind

Die Begegnung mit deinem inneren Kind ist eine wundervolle Sache, um mit dir selbst in absolute Harmonie zu kommen. Eine Begegnung mit deinem Kind-Ich, dem kindlichen Teil in dir.

Dein inneres Kind

Schließ deine Augen, komm ein wenig zur Ruhe, und verbinde dich mit deinem Schutzengel. Bitte ihn dann, dich zu deinem inneren Kind zu führen.

Sieh dir dieses Kind in dir an, dich selbst als kleines Kind. Schau dieses Ich an, sieh dir selbst beim Spielen zu. Vielleicht siehst du, wie du völlig versunken aus Gänseblümchen einen Haarkranz machst. Wie dein Kind-Ich voller Hingabe Pusteblumen pflückt und wegpustet. Wie es stundenlang malt, spielt oder tanzt. Spürst du, wie es dir ganz warm ums Herz wird?

Und dann breite deine Arme aus, und rufe deinem Kind-Ich zu: »Ich bin da, komm in meine Arme!«

Siehst du, wie dein inneres Kind strahlend und voller Freude auf dich zuläuft? Und jetzt umarmt ihr euch. Streichle deinem Kind-Ich liebevoll über das Köpfchen, und halte es in deinen Armen. Du und dein Kind-Ich, ihr seid jetzt nicht länger getrennt - denn ihr gehört zusammen.

Manchmal ist ein inneres Kind verletzt oder so scheu, dass es sich nicht zeigen will. Wenn du das bemerkst, such dir in anderen Büchern oder auch bei jemandem, der sich darauf spezialisiert hat, Unterstützung. Wir können das Thema in diesem Buch nicht so genau behandeln. Aber wir können den Teil deines Kind-Ichs hervorlocken, der fröhlich ist.

Erinnerst du dich an dich selbst als Kind? Erinnerst du dich noch, wie es sich angefühlt hat, wenn dir als Kind etwas Freude gemacht hat? Was hast du gern gemacht, und wann warst du glücklich? Hast du gern gesungen? Oder getanzt? Oder Unsinn gemacht? Oder gemalt? Oder ...

Nimm dein Kind-Ich an die Hand, und lass dir zeigen, was es gern tut. Und dann mach das doch mal wieder. Du bist mehr als eine erwachsene Frau oder ein erwachsener Mann. Du hast auch diesen kindlichen Anteil in dir. Für deine Seele ist es wie ein Nachhausekommen, wenn du ihn leben lässt.

Wie Engel Wünsche erfüllen

Engel erfüllen unsere Wünsche auf unterschiedlichste Art und Weise. Manchmal hat man das Gefühl, ein Wunsch wird augenblicklich wahr, ein anderes Mal dagegen scheint die Erfüllung ziemlich lange zu dauern. Etwas zuuu lange für unseren Geschmack.

Lass dich davon nicht irritieren. Das hat alles seine Richtigkeit. Denn manches Mal sprechen wir auch ziemlich unüberlegt Wünsche aus, ohne uns wirklich über die Konsequenzen klar zu sein.

Aber keine Sorge: Die Wünsche,
die wirklich wichtig sind,
werden erfüllt.
Und wenn nicht sofort,
dann hat das einen Grund.

Vielleicht ist die Zeit noch nicht reif, vielleicht hast du irgendetwas übersehen. Vertraue in die Kraft der Engel, und vertraue darauf, dass dein Schutzengel dich immer zur richtigen Zeit am richtigen Ort sein lässt. Und vertraue darauf, dass die Engel deinen Wunsch immer zur genau richtigen Zeit erfüllen werden. Und wann die genau richtige Zeit ist, das wissen sie besser als wir. Zügeln wir unsere Ungeduld. Die stört nur.

Alles, was du tun musst, ist, dich bereit zu machen. Öffne dich für die Wunder der Engel, und mach dich bereit, die Erfüllung deiner Wünsche zu empfangen.

Denk an den Faktencheck: Fakt ist, dass Wunder Realität sind.

Bist du bereit?

Auf einer Skala von 1 bis 10: Inwieweit bist du für die Erfüllung deiner Wünsche bereit?

|--------|--------|--------|--------|--------|--------|--------|--------|--------|

1 2 3 4 5 6 7 8 9 10

War deine Antwort 10? Super – dann bleib ab jetzt in diesem 10er-Modus der Erfüllungserwartung. Bleib aufmerksam und sei erwartungsvoll. Immer!

Liegt deine spontane Antwort unter 8, dann solltest du noch etwas an deinem Vertrauen feilen.

Alles unter 10 ist ein Hinweis darauf, dass du in Wahrheit innerlich an der Erfüllung zweifelst. Und du weißt, was geschieht, wenn du zweifelst, oder? Du ziehst den Zweifel an und nicht die Erfüllung!

Jeder Zweifel entfernt dich ein Stück von deinen Engeln. Überleg mal: Dein Engel setzt alles in Bewegung, um dir die Erfüllung zu ermöglichen, und du machst diese Arbeit mit deinem Zweifel zunichte. Das ist so, als ob dir dein Engel deine Wunscherfüllung nach Hause liefern will, du aber leider alle Türen zugemauert hast. Der Zweifel mauert jeden Eingang zu, jede Möglichkeit der Lieferung.

Das ist ungünstig. Aber wir können es ja glücklicherweise ändern. Du wirst erleben, dass du dich absolut auf deine Engel verlassen kannst. Und bis du das verinnerlicht hast, kannst du diese Übung machen. Diese schöne Übung, um im Engelvertrauen zu bleiben:

»Schick mir ein Zeichen«

Bitte deinen Engel, dir ein Zeichen zu schicken, sodass du weißt, dass er da ist. Ein eindeutiges Zeichen!

Jetzt musst du nur noch aufmerksam sein, und ich bin mir sicher, es dauert nicht lange, und du bekommst dein Zeichen: vielleicht eine Feder, ein Lied, in dem das Wort »Engel« oder »Angel« vorkommt, ein Auto mit nur einem funktionierendem Scheinwerfer, einen Regenbogen, ein Bild von einem Engel und so weiter und so fort. Es gibt himmlisch viele Möglichkeiten.

Mit jedem Zeichen, das du bekommst, wirst du tiefer ins Vertrauen eintauchen. Jedes Zeichen ist ein Beweis, dass du auf dem richtigen Weg bist.

Du kannst dieses Engelspiel so oft »spielen«, wie du möchtest. Keine Sorge, du nervst die Engel damit nicht. Manchmal habe ich sogar das Gefühl, sie lieben diese Spielchen zwischen Himmel und Erde.

Ich persönlich liebe sie auch – sie machen unseren Alltag magisch. Jedes Zeichen ist so, als ob uns unser Engel zuwinkt. Und irgendwann wirst du keine Sekunde mehr zweifeln – warum solltest du auch? Du wirst dann immer mehr bereit sein für die Erfüllung deiner Wünsche.

Und wenn sich mal etwas nicht erfüllt? Das kennst du ja bestimmt auch, dass sich ein Wunsch scheinbar nicht erfüllen will oder tatsächlich nicht erfüllt? Erkennst du inzwischen auch, warum?

Wenn du nicht weißt, warum sich ein Wunsch nicht erfüllt, dann frage! Frage deine Engel. Sie werden es dir auf ihre Art erklären. So lange, bis du es verstehst.

Und sei sicher – es war besser so, es war zu deinem Besten. Von oben aus gesehen ...

Sie machen den Weg frei

Manchmal haben wir alle Angst vor bestimmten Situationen. Das kann ein Gespräch mit dem Chef sein, aber auch ein klärendes Gespräch innerhalb der Familie oder des Freundeskreises, vor dem man ein mulmiges Gefühl hat. Solche Momente sind hervorragend dafür geeignet, unsere himmlische Mannschaft vorzuschicken und eine eventuell negativ aufgeheizte Stimmung zu reinigen. Das klappt ganz wunderbar.

Schließe vor solch einer Situation kurz die Augen, atme tief ein und tief wieder aus, und dann stell dir vor, wie ein oder mehrere Engel schon in der Situation sind und die Atmosphäre und die Energien reinigen und alle Beteiligten positiv stimmen. Halte einen Augenblick inne, und stell dir bildhaft vor, wie deine Engel vor dir herschweben und die Hindernisse aus dem Weg räumen.

Diese Vorstellung nimmt der ganzen Situation das Bedrückende und Schwere, sie stimmt dich selbst ruhiger, positiver und damit auch umgänglicher und gibt dem Ganzen etwas Leichtes, Fröhliches, Humorvolles.

Schick deine Engel vor. Sie machen den Weg frei. Sie bauen Brücken. Sie heben dich über Hindernisse. Das ist tatsächlich so. Und ich meine, wenn sie schon in unserem Leben sind, dann lassen wir ihnen doch gern den Vortritt.

Angels first! Wir kommen gern nach ...

Lass dich führen

Sei leicht und locker, und mach dich führ-bar. Verinnerliche, dass das für dich Beste passieren wird. Egal, wie. Du brauchst nicht auf bestimmte Wege zu bestehen. Manchmal liegt das Glück ganz woanders, da, wo wir es gar nicht vermutet hätten.

Wenn du auf bestimmte Wege bestehst, hörst du die Stimme deiner Engel viel weniger gut. Denn oft warnen sie uns auf ihre Weise, beispielsweise damit, dass eine Sache wieder und wieder nicht klappen will. Doch wir hören und hören nicht. Wir versuchen, immer und immer wieder unseren Willen durchzusetzen – und dann kommt irgendwann die Holzhammermethode. Bis wir endlich verstehen.

Seien wir also lieber von Anfang an sensibler, und bestehen wir nicht auf einen bestimmten Weg, den wir in unserem Kopf haben. Seien wir einfach sanft und friedlich und aufmerksam. Die Engel zeigen uns den richtigen Weg.

Halte auch nicht an alten Ufern fest, wenn du merkst, dass die Strömung – das Leben – dich weiterführen möchte. Festhalten bringt nichts. Außerdem: Wir können sowieso nichts festhalten. Nicht mal unser eigenes Leben.

Fließen lassen –
geschehen lassen:
Das ist das Geheimnis.

Sag das jetzt mal laut vor dich hin: »Geschehen lassen ... Die Dinge einfach mal geschehen lassen.«

Tut gut, nicht wahr? »Geschehen lassen ...«

Hast du trotzdem mal die Orientierung im Leben verloren, bleib stehen, halte inne und frage ganz gelassen deine Engel: »Wohin soll ich jetzt gehen?«

Die Engel weisen dir die richtige Richtung. Immer. Sie sprechen mit dir auch über dein Gefühl. Handel daher nach deinen Gefühlen, nicht nach deinem Verstand.

Höre die Stimme, die dich warnen will!

Höre die Stimme, die dich motivieren will!

Und lass dich führen!

Nimm dich selbst leicht, dann können dir Flügel wachsen.

Unser Ego ist natürlich etwas eifersüchtig auf die Engel – und man kann es sogar ein wenig verstehen. Doch, liebes Ego, geh mal zur Seite, und nimm dich nicht so wichtig. Da kommt ein Engel, nimmt uns an die Hand und führt uns einfach so zum Glück ... Dazu noch mit dieser unglaublichen Leichtigkeit.

Ein Engel schafft, was das Ego in all den Jahren nicht geschafft hat.

Leichtigkeit

Leichtigkeit, was für ein wunderbarer Zustand!

Beginnen wir die Leichtigkeit des Seins zu spüren. Befreien wir uns von der meist zentnerschweren Last auf unseren Schultern. Von der Last, die wir über Jahre angesammelt haben und die nun auf unseren Schultern lagert. Befreien wir uns davon.

Ein großes Ziel ist, es zu schaffen, mehrere Male am Tag dieses herrliche Gefühl der Leichtigkeit zu empfinden. Zu spüren, wie uns vor Leichtigkeit Flügel wachsen. Die damit verbundene Freude und das Glück zu spüren, frei zu sein.

Lernen wir, uns dieses Gefühl zu eigen zu machen.

Doch wie soll das gehen?

Das Gefühl der Leichtigkeit entdecken

Zu Beginn stellen wir uns diesen Zustand der Leichtigkeit während unserer Ruhepausen vor. Denk dann an eine Situation oder einen Ort, wo du diese Leichtigkeit schon mal empfunden hast. Vielleicht in einem Urlaub? Oder als du neulich im Gras lagst und den Wolken zugeschaut hast? Oder als du kürzlich so glücklich warst?

Die Vorstellung sollte jedenfalls ein ganz intensives Gefühl in dir auslösen, sodass du diese wunderbare Energie der Leichtigkeit fühlst.

Wenn du diese Übung einige Male praktiziert hast, wirst du in der Lage sein, die Leichtigkeit sozusagen per Knopfdruck hervorzurufen. In diesem Zustand gelingen alle Dinge viel müheloser, einfacher. Und zusätzlich versprühst du dann noch jede Menge Fröhlichkeit und Lebensfreude. Leichtigkeit zieht Leichtigkeit an. Und Leichtigkeit ist, als ob wir einen roten Teppich für die Engel ausrollen.

Die Arbeit mit den himmlischen Helfern

Die Bedeutung der Stille

Was sind die Eintrittskarten in die Welt der Engel? Es sind Zeit und Stille. Heutzutage wohl die wertvollsten Luxusgüter.

Zeit und Stille lösen bei vielen Menschen aber auch Ängste aus. Die meisten versuchen immer wieder, die Zeit mit Aktivitäten zu füllen und Lärm in die Stille zu bringen. Eigentlich sind sie eher auf der Flucht vor der Stille und der freien Zeit. Das liegt auch daran, dass wir ständig gefragt werden: »Und, was hast du erlebt?« Wenn man da antwortet: »Ich war in der Stille«, ist das Gespräch schnell zu Ende.

Aber alles beginnt damit, Zeit zu haben, sich Zeit zu nehmen. Erst wenn wir Zeit haben, können wir anfangen zu spüren, worum es eigentlich geht. Wenn wir Zeit haben, können wir beginnen, die Dinge zu betrachten. Wenn wir Zeit haben, können wir uns Zeit für die Stille nehmen.

Stille und Zeit sind die Eintrittskarten für die Welt der Engel.

Wenn wir in die Stille eintauchen, können wir anfangen zu hören. Wenn wir leise sind, dann können wir das Flüstern der Engel hören. Hören, was die Engel uns zu sagen haben. Hören, wo die Feinheiten des Lebens liegen – deines Lebens.

Grob war gestern – fein ist heute.

Nimm dir Zeit: Zeit für die Stille, Zeit für das Nichtstun. Im Nichtstun kann das zu dir finden, was tief in deinem Inneren verborgen ist. Gib diesem Wesentlichen die Chance, an die Oberfläche zu kommen. Dadurch entsteht aus dem scheinbaren Nichtstun in Wahrheit das wahre Tun.

Zeit haben – still sein – nichts tun. Das solltest du dir so oft wie möglich gönnen. Es ist der Zeitpunkt, an dem die Engel ohne die ganzen Ablenkungen mit dir reden können. Denn die Stille verleiht dir Flügel.

Nutze die Stille des Morgens und des Abends. Morgens, wenn du aufwachst, sage als Erstes deinen Engeln Guten Morgen. Das gibt dir ein herrliches Gefühl von Frieden, Geborgenheit und auch Gelassenheit und Geführtwerden. Denke an das, was du heute tun möchtest, und stimme dich und deine Engel darauf ein. Die Engel können dann schon mal vorgehen und die Türen öffnen.

Freu dich auf die großen und kleinen Wunder, die sich heute wieder den Weg zu dir bahnen werden. Danke deinen Engeln jetzt schon für den Schutz, den sie dir schenken, und für die Freude, die sie verbreiten. Und dann kann der Tag beginnen

Die Engel begleiten dich
auf deinem heutigen

Abenteuer und deinem morgigen und …

Mittags könntest du kurz anhalten und checken, ob du noch auf dem Engelsweg bist. Manchmal passiert es ja, dass wir uns im Laufe des Tages verirren. Mit einem kurzen Innehalten kannst du mitten am Tag wieder auf den richtigen, den konstruktiven Weg zurückkehren – den Weg, der dich weiterbringt.

Ich nenne es den »12-Uhr-Mittag-Engel-Check«. Um zwölf Uhr checke ich kurz, ob ich mir noch bewusst bin, dass ich von Engeln umgeben bin, oder ob ich mich mal wieder in der Alltagshektik verirrt habe. Ich verliere mich auch ab und zu in meiner To-do-Liste und bemerke dann vor lauter Abarbeiten die magischen Dinge nicht. Um genau die wieder zu erinnern, mache ich diesen Check.

Abends dann, kurz vor dem Einschlafen, solltest du dich in Gedanken bei deinen Engeln für den vergangenen Tag bedanken. Erkenne und betrachte noch einmal, was die himmlischen Helfer heute alles für dich getan haben. Erkenne auch, wann und warum du eventuell mal den Kontakt verloren hast.

Hast du irgendein Problem oder irgendwelche Sorgen? Dann ist jetzt genau der richtige Zeitpunkt, diese Dinge deinen Engeln zu übergeben. Denk dir ein Symbol für deine Sorgen aus, und übergib dieses Symbol in Gedanken an deine Engel. Sie nehmen es liebevoll entgegen und werden sich, während du schläfst, darum kümmern.

Auch, wenn du eine Frage an deine Engel hast, ist jetzt der

richtige Zeitpunkt. Stell deine Frage kurz vor dem Einschlafen. Oft erhältst du noch in der Nacht oder am nächsten Morgen die Antwort. Du weißt ja: »Den Seinen gibt's der Herr im Schlafe.«

Also: Lass los – vertraue – schlaf gut!

Wurdest du geführt?

Hattest du heute das Gefühl, dass du geführt wirst? Mindestens einmal hast du es doch bestimmt bemerkt, oder? Wenn ja - was genau war da los, und woran hast du gemerkt, dass die Engel für dich da waren?

....

....

....

....

»Es gibt wichtigere Dinge im Leben, als beständig dessen Geschwindigkeit zu erhöhen.«

Mahatma Gandhi

Höher, schneller, weiter – war gestern
Tiefer, glücklicher – ist heute.
Was sonst macht Sinn?

Gemeinsame Ziele erarbeiten

Damit die Engel dir auch wirklich helfen können, müssen sie natürlich genau wissen, was du eigentlich willst. Kennst du deine Ziele? Weißt du, in welche Richtung du gehen möchtest? Bist du dir im Klaren über deine kurzfristigen und langfristigen Ziele? Hast du eine Idee von deinem Lebensziel?

Um ein erfülltes Leben zu genießen, solltest du dich unbedingt damit beschäftigen. Ziele zu haben hat nichts mit Ehrgeiz oder Machtstreben zu tun, wie manche Leute denken. Ziele helfen uns einfach, nicht ständig in unserem hektischen Leben voller Ablenkungen die Orientierung zu verlieren und damit einen wichtigen Teil von uns selbst aufzugeben.

**Überlege dir deine Ziele!
Die Engel unterstützen dich dabei,
sie zu finden und zu erreichen.**

Ziele können natürlich sehr unterschiedlich sein. Jeder Mensch hat seine eigenen Bedürfnisse und Wünsche und somit auch seine ganz persönlichen Ziele im Leben.

Ein Ziel kann zum Beispiel sein:

* dein Zuhause so liebevoll zu gestalten, dass es für jeden eine Oase der Kraft und der Freude darstellt,
* die beste Chefin mit den zufriedensten Mitarbeitern zu sein,
* sich selbst zu zügeln oder
* einen Partner zu finden, um mit ihm in einer rundum glücklichen Beziehung leben zu können.

Jeder Mensch muss selbst wissen, welche Ziele er in seinem Leben erreichen möchte – welche Ziele für sein persönliches Wachstum und Wohlbefinden wichtig sind.

Am besten machst du eine Liste und schreibst deine Ziele genau und detailliert auf. Anschließend kannst du dann ein Engelmeeting abhalten und an die verschiedenen Engel einzelne Aufgaben verteilen. Wie so ein Meeting genau aussieht, erfährst du gleich.

Die Engel können dir am leichtesten helfen, wenn du klar denkst und die Richtung, in die du möchtest, nicht ständig veränderst. Stecke also deine Ziele ab – das geht am besten wieder in der Stille und in einer kurzen Auszeit.

Ob ein Ziel das richtige für dich ist, erkennst du an deinem Gefühl: Wenn du dir dieses Ziel und einen bestimmten Weg dorthin vorstellst und dabei ein angenehmes Gefühl der Freude und Leichtigkeit empfindest, dann ist dies die richtige Richtung. Spürst du hingegen schon bei der reinen Vorstellung etwas Bedrückendes, eine Last auf deinen Schultern, dann ist dieser Weg für dich falsch.

Mach dir also klar, was deine Ziele sind, und erkläre sie zu eurer gemeinsamen Aufgabe. Dein Ziel ist auch das Ziel deiner Engel.

Dein Ziel

Erinnere dich: Was wolltest du auf dieser Erde, in diesem Leben verwirklichen, als du hierherkamst? Es gibt niemanden, der ohne Ziel geboren wurde. Also: Was war *dein* Ziel? Was ist dein Ziel?

....

....

Und nun sage deinem Schutzengel und deinen weiteren Engeln, dass genau jetzt die Zeit da ist, sich auf den Weg zu diesem Ziel zu machen. Jetzt ist immer die beste Zeit. Unsere Lebenszeit ist kurz - es gibt nur das Jetzt.

Das Meeting: Eine Sitzung mit den Engeln

Ab und zu solltest du eine richtige kleine Besprechung mit deinen Engeln abhalten. Das ist wie in jedem Team. Von Zeit zu Zeit sollte man sich zusammensetzen, Anstehendes besprechen und Strategien abstecken. Bei den Meetings können Dinge eingeordnet und Ziele abgesteckt werden.

Die Gedanken und Gefühle werden wieder klarer, wenn du auf diese Weise den Alltag für einen Moment vor der Tür lässt. Das ist wie beim Homeoffice. Wenn du arbeiten willst, musst du klarstellen: Bitte nicht stören.

Dein Engelmeeting

Zieh dich zurück und sorge dafür, dass du allein und ungestört bist und auch bleibst. Schaffe wieder diese himmlische Atmosphäre, die unsere Engel so sehr lieben – mit Kerzenlicht, Duft, Musik, was auch immer für dich dazugehört.

Setz dich bequem hin, und leg dir etwas zum Schreiben zurecht. Nun entspanne dich. Atme mehrere Male tief ein und aus, und mach dich bewusst bereit für das Engelmeeting. Stimme dich auf die universellen Boten, deine himmlischen Helfer ein. Und dann kann es schon losgehen:

Schritt 1

Gliedere dein Leben in mehrere Teilbereiche und überlege dir, was du jeweils verbessern möchtest. Du zeichnest am besten einen Kreis und unterteilst ihn in die Lebensbereiche, die dir wichtig sind. So viele, wie du möchtest. Nimm dir Zeit und überlege dir genau, welche Bereiche für dein Leben bedeutsam sind. Wie so ein Kreis aussehen könnte, siehst du auf der nächsten Seite.

Beispiele für die Lebensbereiche könnten sein: Beruf, Familie, Freunde, Finanzen, Urlaub, Kinder, dein eigener Weg ... Du entscheidest, welche Bereiche bei deinem Meeting behandelt werden.

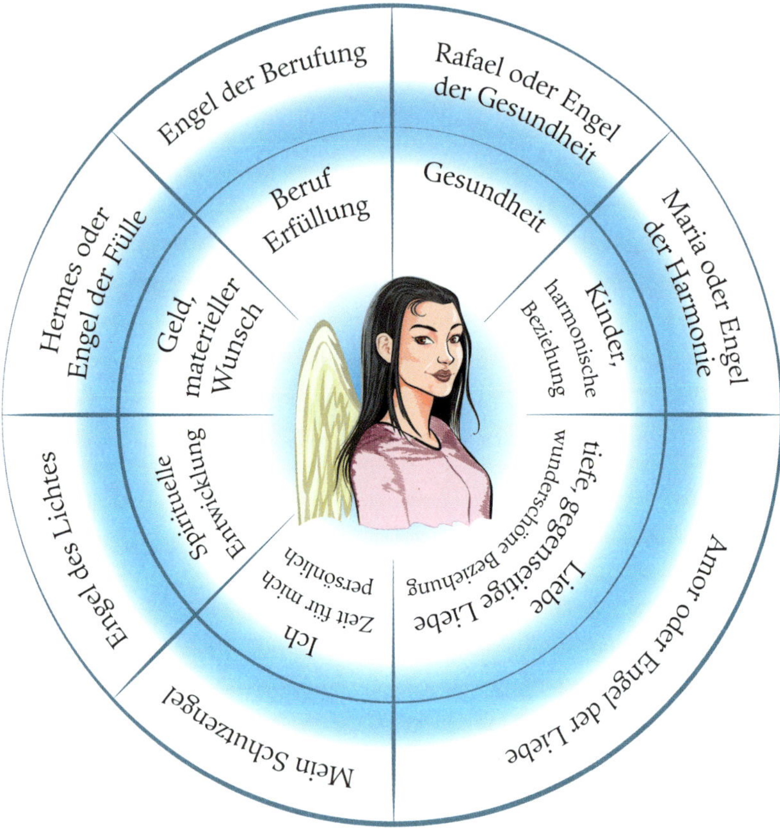
Engel der Berufung
Beruf
Erfüllung
Rafael oder Engel der Gesundheit
Gesundheit
Maria oder Engel der Harmonie
Kinder,
harmonische Beziehung
Amor oder Engel der Liebe
Liebe
tiefe, gegenseitige Liebe
wunderschöne Beziehung
Mein Schutzengel
Ich
Zeit für mich
persönlich
Engel des Lichtes
Spirituelle
Entwicklung
Hermes oder Engel der Fülle
Geld,
materieller
Wunsch

Schritt 2:
Du vergrößerst nun diesen Kreis, indem du einen zweiten Kreis außen um den ersten herum zeichnest.

Und nun kommen deine Engel ins Spiel: Für jeden Bereich lädst du einen Engel ein. Die Namen der Engel schreibst du in die Felder im äußeren Kreis. So ordnest du jeden Lebensbereich einem bestimmten Engel zu.

Welche Namen die Engel haben, bleibt dir überlassen. Es können normale Namen sein, die dir gerade bei dem Thema einfallen. Es können aber genauso gut auch Namen bekannter Engel sein, zum Beispiel:

- Amor - kümmert sich um Liebesangelegenheiten.
- Hermes - erledigt Dinge, die mit Geld und Materiellem zu tun haben.
- Maria - kümmert sich um Familienangelegenheiten.

Wenn dir kein konkreter Name einfällt, dann kannst du es auch neutraler halten, zum Beispiel Engel der Liebe, Engel der Harmonie, Engel der Vergebung, Glücksengel. Aber mit einem persönlichen Namen ist die Sache schon wärmer und näher und dadurch auch effektiver.

Nehmen wir einmal an, du möchtest eine berufliche Angelegenheit regeln. Das kann sein, dass du einen ganz neuen Beruf oder deine wirkliche Berufung finden möchtest. Es kann aber auch das Thema Gehaltserhöhung, Beförderung oder etwas in diese Richtung sein.

Schreib dein Anliegen in den ersten Kreis, und schließe dann kurz deine Augen. Bitte nun den »zuständigen« Engel, dir zu helfen. Du weißt in diesem Moment intuitiv, welcher Engel es ist. Der Name oder der Begriff, der dir als Erstes in den Kopf kommt, ist dein himmlischer Ansprechpartner. Und du kannst dir sicher sein, dass er auch gleich in diesem Augenblick anfängt, eine Lösung in die Wege zu leiten.

Interessanterweise kommt Geschäftsleuten oder Selbstständigen bei beruflichen Anliegen sehr oft der Name Hermes in den Kopf. Das kann kein Zufall sein, denn Hermes ist ein eifriger Götterbote.

Bei Themen rund um die Familie erscheint sehr häufig der Name Maria.

Und in Liebesangelegenheiten unser kleiner Amor. Er liebt es einfach mitzumischen.

Es muss aber, wie gesagt, kein bekannter Engel sein. Dein Engel könnte auch Anton oder Laetizia, David oder Angelina oder Kevin oder Chantal oder wie auch immer heißen.

Achte ab jetzt auf die Botschaften, die du bekommst. Es können, nein, es werden dir höchstwahrscheinlich Menschen begegnen, die dir wichtige Hinweise geben, du bekommst plötzlich wichtige Informationen und Botschaften von allen möglichen Seiten, du hast plötzlich Geistesblitze und völlig neue Ideen ... Rate mal, woher sie kommen.

Dein Engelbuch

Sehr hilfreich ist es, wenn du dir ein Engelbuch anlegst. Du kannst dafür aber auch wunderbar dein Wunscherfüllungsbuch nehmen, wenn du so etwas hast. Universum und Engel – das gehört zusammen.

Schreib in dieses Buch deine Ziele und Wünsche hinein, und male deine »Engelkreise« aus den Meetings mit den Engeln auf. Schreib Briefe an deine Engel auf. Notiere deine Bitten, oder besser Aufträge, und auch deine Fragen.

Und halte dann natürlich auch fest, auf welchen Wegen du die Antwort erhalten hast. Notiere dir, wenn etwas Außergewöhnliches passiert. Schreib auf, welche Zeichen du bekommen hast, welche Zufälle dir geschenkt wurden, und so weiter.

Bedanke dich auch immer wieder bei deinen Engeln. Du weißt ja: Die Engel lieben das Wort »Danke«.

Mach dein Buch zu einer wahren Kommunikationsquelle zwischen dir und deinen Engeln. Aber behalte es für dich – es ist dein persönliches Engelbuch. Oder sagen wir besser: Es ist euer Buch. Nach einer gewissen Zeit wirst du beim Durchblättern staunen, welche kleinen und großen Wunder es auf einmal in deinem Leben gibt.

Ein Brief an deine Engel

Datum ……………………………………

Liebe(r) ……………………………………………………

Es ist eine großartige Zeit. Alles gelingt mir leicht und mühelos. Es geht mir wunderbar.

Jetzt brauche ich noch Hilfe bei ……………………………………………

……………………………………………………………………………………………………

……………………………………………………………………………………………………

……………………………………………………………………………………………………

Jemand, der mir dabei hilft, tritt jetzt in mein Leben. Die Türen öffnen sich automatisch. Gebt mir bitte Zeichen, in welche Richtung ich gehen soll.

Eure / Euer ……………………………………………………

Danke, dass es euch gibt!!!

Affirmationen – leicht und mühelos

Du kennst ja bestimmt Affirmationen, oder? Das Wort stammt aus dem Lateinischen: *affirmare* = »bekräftigen«, »bestätigen«. Affirmationen sind positive Feststellungen, die uns selbst betreffen und möglichst oft wiederholt werden sollten, damit sie sich bis in unser Unterbewusstsein hinein entfalten und zu unserer Lebensrealität werden.

Nutzen wir das: Überlege dir eine zu deinem Wunsch passende Affirmation. Finde einen Spruch oder einen Satz, der dich daran erinnert, was du willst. Sprich und denke diese Affirmation jeden Tag so oft wie möglich. Wiederhole deinen Spruch einfach an jeder roten Ampel, in der Schlange im Supermarkt, vor dem Spiegel ...

Und spüre dabei die Kraft hinter den Worten! Mach diesen Spruch zu deinem eigenen magischen Zauberspruch.

Hier einige Beispiel für Affirmationen, die dir Kraft schenken und dich zu deinem Ziel hin lenken können:

- »Alles, was ich anfasse, wird Gold.«
- »Ich bin immer zur richtigen Zeit am richtigen Ort.«
- »Alles gelingt mir leicht und mühelos.«

Pass auf, dass deine Affirmationen immer positiv formuliert sind. »Alles gelingt mir leicht und mühelos« sendet eine andere Energie aus als der Satz: »Das Leben ist schwer und anstrengend.« Aber auch als: »Mein Leben soll nicht mehr so anstrengend sein.« Mit einem positiv formulierten Satz ziehst du die Engel an, mit einem negativen verscheuchst du sie.

Also, halte Kurs!
Kurs in Richtung
Herzensglück und Freude.
Ab jetzt gelingt dir alles
leicht und mühelos.
Vielleicht nicht immer –
aber immer öfter.

Schwierigkeiten

Manchmal kann es vorkommen, dass du den Kontakt zu deinen Engeln verlierst – oder zumindest, dass es dir so vorkommt. Vielleicht fühlst du dich ab und zu etwas von deinen Engeln verlassen. Du sprichst mit ihnen … aber irgendwie scheinst du kein Feedback zu bekommen? Egal, was du tust, nichts kann dieses vertraute, warme Glücksgefühl in dir auslösen? Nichts scheint sich in deinem Leben zu bewegen? Kurzum: Deine Engel scheinen im Urlaub zu sein.

Nur zur Beruhigung – nein, das sind sie nicht!

Aber irgendetwas in deinem Denken scheint nicht zu stimmen. Oft fällt man ganz langsam wieder in die alten Denkgewohnheiten. Man beginnt sich wieder in den alten Mustern einzurichten, in das kollektive Gejammer miteinzustimmen oder mal kurz wieder in die Rolle »Ich – das Opfer von ...« hineinzuschlüpfen.

Möglichkeiten gibt es genug, und es wird jedem von uns auch immer mal wieder passieren. Aber das ist eigentlich auch egal.

**Wichtig ist nur,
dass wir uns bewusst machen,
wer hier wen verlassen hat.
Nicht die Engel haben uns verlassen.
Sondern wir haben uns entfernt!**

Manchmal hat man auch das Gefühl, alles gehe viel zu langsam. Einige Dinge erfüllen sich schnell, aber bei anderen scheint sich nichts, aber auch gar nichts zu bewegen. Wir werden ungeduldig und würden am liebsten mal wieder alles mit unserem ungezügelten Temperament und mit dem Brecheisen erzwingen.

Doch Moment mal: Wie war das mit dem Vertrauen?

Ganz ruhig: Alles kommt zur richtigen Zeit!

Wir wissen mit unserem begrenzten Denkvermögen gar nicht, wann wofür die beste Zeit ist. Oft durchschauen wir erst viel später, warum eine Sache länger gedauert oder manchmal auch gar nicht geklappt hat.

Nur bei einem kannst du ganz sicher sein: Wenn du mit den Engeln arbeitest, wird immer, und zwar immer, das Beste für dich geschehen.

Also, lass los und werde locker. Hab einfach Vertrauen und lass geschehen!

Wir sind eins mit den Engeln,

- wenn wir den Zauber des Lebens erkennen,
- wenn wir voller Freude und Begeisterung sind,
- wenn wir voller Wärme und Verständnis sind,
- wenn wir in die Schönheit der Welt eintauchen,
- wenn wir von Herzen lieben,
- wenn wir im Vertrauensmodus sind.

Mix it!
Die Verbindung von konstruktivem Denken und der Arbeit mit den Engeln

Geistige Hygiene

Um möglichst störungsfrei mit den Engeln arbeiten zu können, müssen wir lernen, unseren Geist zu pflegen. Jeden Tag verbringen wir viel Zeit damit, unseren Körper zu pflegen und unser Aussehen zu verbessern. Aber wer investiert schon Zeit in die Pflege seines Geistes? Doch genau das ist überaus wichtig.

Wenn wir uns nicht um unseren Geist, um die Reinheit unserer Gedanken kümmern, werden wir zunehmend unzufrieden und fühlen uns als Opfer unseres Lebens.

Geistpflege bedeutet, sich ein wenig Zeit und Ruhe zu gönnen und sich mit dem eigenen Geisteszustand zu beschäftigen: Was ist da in unserem Kopf eigentlich los?

Im Laufe der Zeit verschmutzen uns negative und destruktive Gedanken von innen. Tun wir nichts dagegen, sieht unser Geist nach einiger Zeit aus wie eine Müllkippe. Und das ist nicht gerade der fruchtbarste Boden für ein Leben mit den Engeln.

Wir müssen liebevoll zu uns selbst sein und den Müll – die negativen Gedankenmuster und Erinnerungen – allmählich aus unserem Denken verbannen.

Lass nicht zu, dass dein Geist zu einer Müllkippe verkommt. Mach ihn stattdessen besser zu einem Sonnenplatz. Zu einem Platz voller Licht und Harmonie.

Machen wir unseren Geist zu einem Atelier der Möglichkeiten. Zu einem Landeplatz für Engel.

Was genau ist eigentlich »richtiges« Denken?

Wir unterscheiden zwischen konstruktivem Denken und destruktivem Denken. Konstruktives Denken ist, vereinfacht ausgedrückt, positives, aufbauendes Denken. Destruktives Denken ist genau das Gegenteil davon: Negative und zersetzende Gedanken bestimmen unser Denken und damit unser ganzes Leben.

Eine der wichtigsten Voraussetzungen für die wirklich erfolgreiche Arbeit mit den Engeln ist, dass du lernst, konstruktiv zu denken. Das hört sich zwar leicht an, aber versuche das mal einen ganzen Tag! Dann wirst du erst einmal merken, wie unglaublich viele negative Gedanken du hegst und pflegst. Selbst, wenn du von dir denkst, dass du anders bist, wird dir das nach einem Kontrolltag deutlich werden. Da schlägt man manches Mal die Hände über dem Kopf zusammen. Aber, alles kann man lernen – auch das konstruktive, durch und durch lebensbejahende Denken.

Die wichtigste Lektion ist, negative Gedanken zu verbannen, denn sie sind Gift für unseren Körper und unseren Geist. Negative Gedanken sind Gift für unser ganzes System. Jeder negative Gedanke ist, als ob wir uns selbst eine kleine Giftspritze verabreichen. Gruselig.

Doch diese destruktiven Gedanken endgültig loszuwerden

kann manchmal etwas dauern. Nicht selten haben sie es sich in unserem Geist so richtig gemütlich gemacht. Sie fühlen sich pudelwohl bei uns. Sie sind ja nicht allein, sondern umgeben von weiteren negativen Gedanken und ganzen Gedankenmustern. Und so schaukeln sie sich gegenseitig hoch und halten uns in Schach.

Aber da können wir glücklicherweise Abhilfe schaffen, und zwar mit dem »Transparenz-Trick«:

Mach dich selbst transparent
und gesteh dir ein,
wann du negativ denkst.

Öffne deinen Geist, und lass deine Gedanken transparent werden. Bemerke also ganz bewusst, was du überhaupt so alles denkst. Und dann beginne, mit deinen Gedanken zu arbeiten.

Vergiss nicht: Du bist der Chef deiner Gedanken. Jetzt und zu jeder Zeit. Du bist kein Opfer deiner Gedanken – du bist ihr Schöpfer.

Beobachte dich und deine Gedanken also näher, und stell ganz selbstkritisch fest, wo das negative Denken schon fest verwurzelt ist. Da könnten zum Beispiel Gedanken sein wie:

- »Das kann ich mir nicht leisten.«
- »Die Zeiten werden immer härter.«
- »Das schaffe ich eh nicht.«
- »So was passiert immer nur mir.«

* »Ist ja wieder typisch, dass ausgerechnet mir das passiert.«
* »Ich ziehe nur Negatives an.«

Du weißt, was ich meine. Von dieser Sorte Gedanken gibt es unendlich viele Varianten. Spüre also diese Übeltäter auf. Jeder von uns hat welche davon. Und nun versuche, ihnen das Leben so richtig schwer zu machen. Kündige diesen unerwünschten Mitbewohnern den Mietvertrag! Die wohnen einfach gratis bei dir und vermasseln dir zum Dank auch noch deine Zukunft, diese Parasiten.

Um sie zu vertreiben, diese undankbaren Nichtsnutze, setzt du ab jetzt am besten jedem negativen Gedanken sofort einen positiven entgegen. Zum Beispiel wird der Gedanke »Das schaffe ich sowieso nicht« ersetzt durch den Gedanken »Das gelingt mir leicht und mühelos«.

Wenn die Parasiten, diese destruktiven und negativen Gedanken, merken, dass sie unerwünscht sind, ziehen sie sich mehr und mehr zurück und machen Platz für gute und schöne Gedanken. Das konstruktive Denken übernimmt die Herrschaft in deinem Geist. Und damit hast du den Weg für eine noch tiefere Verbindung zu den Engeln frei gemacht.

**Vergiss nie:
Gedanken sind Energie!
Und diese Energie ist es,
die die Engel anzieht
oder abstößt.**

So, nun weißt du, dass sich destruktives Denken und eine erfolgreiche Arbeit mit den Engeln nicht vereinbaren lassen. Sobald wir aber beginnen positive, zielgerichtete Gedanken zu denken,

* reinigen wir uns selbst,
* machen wir uns anziehender,
* werden wir magnetisch,
* werden wir glücklicher,
* werden wir die besten Freunde der Engel.

Übernimm du diesen Teil der Aufgabe, und kümmere dich um die positiven Gedanken. Deine Engel helfen dir beim Rest. Die Verbindung von konstruktivem Denken und der Arbeit mit den Engeln ist die Garantie für ein herrliches, ein himmlisches Leben – dein herrliches und himmlisches Leben.

Lass die Spiele beginnen!

Eine zeitlose Wahrheit

Achte auf deine Gedanken,
denn sie werden deine Worte.

Achte auf deine Worte,
denn sie werden Handlungen.

Achte auf deine Handlungen,
denn sie werden Gewohnheiten.

Achte auf deine Gewohnheiten,
denn sie werden dein Charakter.

Achte auf deinen Charakter,
denn er wird dein Schicksal.

Aus dem Talmud

»Zufälle«

Wenn du ab jetzt mit den Engeln zusammenarbeitest, wirst du dich daran gewöhnen müssen, dass auf einmal viele, sehr viele Zufälle in deinem Leben passieren. Engel lieben Zu-fälle. Sie nutzen sie einfach gern, wenn sie uns mit Glück überschütten wollen. Sie führen uns total gern in Situationen, wo man sagen könnte: Ja, so ein Zufall aber auch!

Aber es ist kein Zufall im herkömmlichen Sinne. Denn wie das Wort schon sagt: Etwas fällt uns zu.

Ein Zufall ist die Art des Universums, ein Wunder zu tun.

Es macht immer wieder Spaß und Freude zu sehen, wie viel Fantasie, Kreativität und auch Humor die Engel einsetzen, damit uns wieder einmal etwas »zufallen« kann. Oft merken wir gar nicht, in welchem himmlischen Spiel wir gerade mal wieder mitspielen.

Also freu dich über jeden »Zufall«, denn hier war ein Engel am Werk – für dich.

Was Engel mögen

Die Engel lieben es, wenn wir mit totaler Hingabe auf das himmlische Spiel eingehen. Sie sind glücklich, wenn wir es sind. Es erfüllt sie mit Freude, wenn wir uns auf die Leichtigkeit einlassen – wenn wir Platz machen für die Mühelosigkeit, die Einfachheit. Dann können sie am besten mit uns zusammenarbeiten – und darum geht es ja.

- Engel lieben es, wenn uns Flügel wachsen.
- Engel lieben es, wenn sie durch uns wirken dürfen.
- Engel lieben es, wenn sie Wunder tun dürfen.
- Engel lieben es, uns mit »Zufällen« zu überschütten.
- Engel lieben es, wenn wir mit ihnen spielen.
- Engel lieben es, wenn wir glücklich sind.
- Engel lieben es, wenn wir uns bei ihnen bedanken.
- Engel lieben es, bei uns zu sein.
- Engel lieben die Harmonie und auch das Abenteuer.
- Engel lieben die Stille und auch die Musik.
- Engel lieben das Lachen.
- Engel lieben die Begeisterung.

Harmonie und Freude –
das werden deine
großen Schwingen sein.

Und das mögen Engel nicht

Es gibt einige Dinge und Verhaltensweisen, die eher eine abschreckende Wirkung auf Engel haben. Das sind zum Beispiel Frust, Zorn, Verrat, Neid, negative Gedanken und destruktive Energien. Engel mögen es nämlich überhaupt nicht, wenn wir in das kollektive Gejammer eintauchen.

Wir machen uns leider viel zu selten bewusst, wir sehr das kollektive Gedankengut unser Leben bestimmt. Selbst wenn wir glauben, wir seien Freigeister, beeinflussen uns diese Gedankenmuster sehr. Wir sind und bleiben ein Teil der Masse. Die Energie der Masse, die Energie der Menschen liegt über allem. Und damit auch die Energie der Angst.

Die Ängste der Masse jedoch entfernen uns immer weiter von den schönen Seiten des Lebens. Sie wühlen uns auf und machen uns wütend. Aber Vorsicht: Angst und Ärger entfernen uns von den Engeln!

Nimm dich in Acht vor der Wut – vor jeder Form von Wut. Du weißt nicht, wen du dir da ins Haus holst. Wut, auch diese kleine, also ein »Wütchen« sozusagen, beeinflusst dich äußerst negativ. Wut macht blind und aggressiv.

Wut verhindert mit hundertprozentiger Sicherheit, dass du empfangsbereit für die Erfüllung deiner Träume bist.

Was Engel auch überhaupt nicht mögen, ist, wenn wir uns ständig selbst verunsichern und entmutigen: »Ich kann das nicht ...«, »Ich schaffe das nicht ..., »Ja, aber ...«.

Mach dir unbedingt klar, wann und in welchen Situationen du in solche Muster zurückfällst, und verbanne sie aus deinem Denken. Geht nicht – gibt es nicht!

Engel mögen es auch nicht, wenn wir uns von unseren Sorgen niederdrücken lassen. Wenn wir nur die Last auf unseren Schultern spüren und die Freuden vergessen. Dann fühlen sich die Engel von uns verlassen.

Also, hier eine kleine Zusammenfassung der Dinge, die die Freundschaft mit den Engeln stört. Engel mögen nicht:

* negativen und destruktiven Input jeder Art,
* das kollektive Gejammer,
* Wut und Zorn,
* Aggressivität,
* Unordnung und Chaos,
* wenn wir schlecht über andere Menschen reden,
* Traurigkeit,
* Hoffnungslosigkeit,
* Angst und Sorgen.

Aber, das Gute ist natürlich, wir haben auch jederzeit himmlische Unterstützung, wenn es uns mal nicht so gut geht. Es ist völlig normal, dass wir in unserem Leben auch immer mal wieder Sorgen und Problemen begegnen – das kennen wir ja alle zur Genüge.

Ab jetzt aber sind wir damit nicht mehr allein. Und das ist ein Riesenunterschied. Bis jetzt haben es so manche Schwierigkeiten geschafft, uns aus der Balance zu bringen – manchmal auch etwas mehr. Aber das war einmal. Wenn es jetzt ein Problem in unserem Leben gibt, dann werden wir nicht mehr traurig oder unsicher – nein. Wir nehmen das Problem zur Kenntnis und lösen es zusammen mit unseren himmlischen Freunden.

Wir sehen die Dinge aus unserer irdischen Perspektive oft zu beschränkt. Unsere himmlischen Helfer haben einen viel größeren und weiteren Überblick, eine ganz andere Perspektive – und sie sind damit die besten Problemlöser, die du dir nur wünschen kannst.

Manchmal ist es auch so, dass wir uns über etwas sehr aufregen und so richtig wütend werden. Vergraulen wir die Engel damit? Nein, keine Sorge. Die Engel mögen diesen Wutmodus zwar nicht, aber sie lassen uns auch dann nicht im Stich.

Wenn du merkst, dass du in negative Gefühle abrutschst, also Wut, Ärger, Frust oder ähnliche Emotionen empfindest, dann sage zu dir selbst: »STOPP!« Bevor du dich weiter aufregst, rufe innerlich deinen Schutzengel. In dem Moment, in dem du seinen oder ihren Namen rufst, werden die negativen Gefühle augenblicklich ruhiger.

Wut und Ärger und all die negativen Gefühle bringen nichts. Absolut nichts. Und sie werden auch nichts lösen. Im Gegenteil. Sie lösen nichts, aber sie machen uns krank.

Also, wenn du merkst, dass du anfängst zu grübeln oder dich in negative Gedanken zu verstricken, dann wird dein Engel dich mit Freude da wieder herausholen. Reiche ihm deine Hand – er zieht dich aus der Negativspirale heraus. Bedenke, dein Schutzengel will nichts mehr, als dass es dir gut geht. Und dafür wird er alles tun.

Was du aber unbedingt vermeiden solltest, ist, in allgemeines Gejammer miteinzustimmen. In solchen Situationen ist es schwierig für deine Engel, in Kontakt mit dir zu bleiben.

Weißt du auch, warum? Weil du deinen Engel dann einfach nicht bemerkst. Dein Schutzengel möchte dich beschützen und aus allem Negativen herausziehen, aber du reichst ihm dann keine Hand. Das wäre zu schade.

Ein Engel auf Erden

Spiele das Spiel mit den Engeln doch mal mit vertauschten Rollen: Sei du einen Tag lang ein Engel. Betrachte dich als Mitarbeiter, als Angestellten deines Schutzengels.

Was würdest du tun? Welche Aufgaben würde dir dein Engel auftragen? Wo kannst du deinen ganz persönlichen, ureigenen Beitrag leisten?

Dieses Spiel macht sehr viel Freude und ist eine Art Training in Sachen Sensibilität. Lass dich darauf ein und gib dir Mühe – vielleicht wirst du ja der »himmlische Mitarbeiter des Tages«. Obwohl – das bist du eigentlich schon lange! Zum Beispiel jedes Mal, wenn du lächelst …

Apropos Lächeln: Engel lieben unser Lächeln, unser Lachen.

Unsere Engel lieben den L-Faktor

Der **L**-Faktor = **L**achen
Leichtigkeit
Liebe

Wo ist dein Lachen?

Auf einer Skala von 1 bis 10: Wie oft hast du in letzter Zeit gelächelt oder sogar gelacht? Ehrlich:

|--------|--------|--------|--------|--------|--------|--------|--------|--------|

1 2 3 4 5 6 7 8 9 10

Kinder lächeln einhundert bis vierhundert Mal pro Tag. Erwachsene nur noch siebzehn Mal. Irgendwann im Laufe unseres Lebens haben wir das Lachen vergessen. Das sollte nicht sein! Finden wir es also wieder! Engel lieben unser Lachen!

Happy End: Lass Wunder geschehen!

Engel bringen unsere Seele zum Strahlen

Jeder von uns ist einzigartig.
Jeder von uns hat besondere Begabungen.
Jeder von uns hat etwas, das er der
Welt schenken kann – schenken sollte.

**Würden wir alle jeden
Tag der Welt etwas schenken,
würden sich das Glück,
der Frieden, die Wärme
auf unserem Planeten –
in unserer Menschenfamilie –
vermilliardenfachen!**

Jeden Morgen, bevor wir in der Hektik des Alltags verschwinden, sollten wir uns einen Moment Zeit nehmen, innehalten und uns fragen, was unser Team heute für uns selbst, für diese Welt und für die Menschen tun kann.

Das kann sein, dass wir uns einfach nur vornehmen, an diesem Tag viel zu lächeln oder einem anderen Menschen eine Freude zu machen. Oder dass wir uns selbst mal eine richtige

Freude machen. Das ist auch ein Geschenk an die Welt, denn wenn du glücklich bist, strahlst du ganz anders in die Welt hinein.

Würde jeder Mensch jeden Tag dieser Welt etwas von sich schenken, hätten wir bald das Paradies. Gemeinsam mit unseren Engeln können wir unser ganzes Leben und dadurch sogar die Welt verändern.

Also, mach dich auf
den Weg und bring deine
Seele zum Strahlen!
Und zwar jetzt –
jetzt ist genau die
richtige Zeit dafür.
Deine Engel erwarten
dich schon.
Spürst du die Hand
auf deiner Schulter?

Ein himmlisches Gespräch

Fragt ein Engel einen anderen Engel:

»Weißt du, warum die Menschen
ihren Gefühlen nicht mehr trauen?«

»Ich glaube, sie denken, das wäre nicht
mehr zeitgemäß. Sie sind momentan
ein wenig im Technologiewahn.«

»Oje, diese Menschen. Sie haben vor
lauter ›Smart-Dingen‹ vergessen,
dass sie selbst Teil des Kosmos sind.«

»Ja, das haben viele vergessen.
Aber ich glaube, die ersten
erinnern sich wieder ...«

Chancen, Risiken und Nebenwirkungen

Mach dir noch einmal deutlich: Lass es auf einen Versuch ankommen, und integriere die Engel in dein Leben. Du kannst nichts verlieren. Du kannst nur gewinnen. Beachte auf deinem Weg mit den Engeln aber unbedingt die Chancen, Risiken und Nebenwirkungen:

Chancen

Deine Träume werden wahr.

Risiken

Du wirst die Welt mit anderen Augen sehen.

Nebenwirkungen

Starke, wärmende Glücksgefühle,
besonders in der Herz- und Bauchgegend.

Erhöhte Gefahr der Abhängigkeit!

Eine kleine Geschichte zum Schluss

Neulich rief mich eine gute Freundin an: »Also, bei mir klappt das mit den Engeln irgendwie nicht. Dabei habe ich alles genau so gemacht, wie du es mir immer beschrieben hast! Letzte Woche hat sich das Finanzamt gemeldet – ich muss irrsinnig viel Geld nachzahlen. Keine Ahnung, wo ich das jetzt hernehmen soll. Ich bin echt verzweifelt. Und was kommt von den Engeln an Unterstützung? Nichts!«

Zwei Tage später rief sie mich wieder an: »Du glaubst nicht, was passiert ist! Ich habe einem Freund von meiner misslichen Lage erzählt. Und was macht er? Er hat mir doch tatsächlich das Geld, das ich fürs Finanzamt brauche, geschenkt. Einfach so! Er meinte, er hätte gerade unverhofft geerbt und würde sich freuen, mir aus meiner Notlage zu helfen. Es ist wie ein Wunder!«

Tja, die Dinge sind nun mal nicht immer so, wie sie auf den ersten Blick erscheinen. Von Zeit zu Zeit begegnen uns die Engel auch in Menschengestalt. Also: Halte die Augen offen!

Dank an meinen Schutzengel

DANKE, dass du mein Lebensbegleiter bist.

DANKE, dass du immer in meiner Nähe bist.

DANKE, dass du mich vor Gefahren schützt.

DANKE, dass du mich vor Fehlern bewahrst.

DANKE, dass du mir hilfst, über Hindernisse zu klettern.

DANKE, dass du mich auffängst,
wenn ich doch mal fallen sollte.

DANKE, dass du mir die richtigen Türen öffnest
und die falschen verschließt.

DANKE, dass du immer so viel Geduld mit mir hast.

DANKE, dass du mir meinen, unseren Weg zeigst.

DANKE, dass du mir den kosmischen Humor
beigebracht hast – sehr lustig.

DANKE, dass du mich mit Zufällen überschüttest.
Es ist schön mit dir!

DANKE!

It's time for an angel!

Und hier beginnt
Deine Geschichte …

Über die Autorin

Anjana Gill ist Bestsellerautorin zahlreicher Bücher und namhafte Expertin für Angelegenheiten zwischen Himmel und Erde. Für sie liegen Zauber und Erfüllung des Lebens darin, sich nicht von den oberflächlichen Dingen dieser Welt in die Irre leiten zu lassen, sondern die wirklich spannenden Geheimnisse zu entdecken. Mit Leidenschaft und Freude beschäftigt sie sich seit vielen Jahren damit, zu zeigen, dass es eine aufregende Verbindung zwischen Mensch und Universum gibt.

Anjana Gills Motto:
Alles ist möglich –
wenn du mit dem Universum
zusammenarbeitest!

Mehr Informationen und Angebote – und auch die Kontaktdaten, wenn du Anjana schreiben möchtest – findest du unter:
www.anjanagill.de
Instagram: gillanjana
Facebook: Anjana Gill Sprechen Sie Kosmisch?

Bücher von Anjana Gill

Die 12 Geheimnisse der Lebensfreude.
Wie wir auch in schwierigen Zeiten glücklich sein können. Heyne 2025.

Liebes Universum, erfüll mir meinen Herzenswunsch.
Das 5-Sekunden-Geheimnis. Omega 2025.

Das kleine Hotel, wo Wünsche wahr werden.
Eine Erzählung über die lebensverändernde Kraft unserer Gedanken. Heyne 2024.

Der kleine Elefant, der das Glück bringt - Das Kartenset.
44 Glücksimpulse für jeden Tag. Lotos 2024

Die perfekte Visualisierung.
7 faszinierende Tipps für Manifestationsprofis. Omega 2024.

111 Impulse für ein glückliches Leben.
Emons 2023.

Ein Kurs im Wünschen - Deine Manifestationskarten.
Ein ganzes Jahr im Universumsmodus. Omega 2023.

Der kleine Elefant, der den Menschen das Glück brachte.
Eine Erzählung über das Geheimnis wahrer Zufriedenheit.
Heyne 2022.

77 Lifehacks zur Wunscherfüllung.
Tipps + Tricks: Erfolg mit dem Universum. Omega 2022.

Liebes Universum, was willst du mir sagen?
Die Bedeutung von Zahlen, Träumen und vielem mehr ...
Omega 2022.

Die perfekte Wunschformulierung.
Der Teufel steckt im Detail. Omega 2021.

Danke für die wunderbare Lösung.
Mit dem Universum löst du jedes Problem. Omega 2021.

Danke, liebes Universum.
95,7 % Wunscherfüllung. Omega 2019.

Du und das Universum.
Da geht was! Dein persönliches Wunscherfüllungsbuch.
Omega 2020.

Sprichst du schon kosmisch?
Deutsch – Kosmisch, Kosmisch – Deutsch
... und deine Wünsche werden wahr! Omega 2020.

Tara. Die Reise zum Ich.
tao.de in Kamphausen Media GmbH 2015.

Du Glückskind.
Denn Du bist so viel mehr.
tao.de in Kamphausen Media GmbH 2015.

Wie Wünsche wahr werden!
Smaragd 2002.

Anjana Gill

So werden tiefste Herzenswünsche wahr

Eigentlich möchte sich die Erzählerin dieser bezaubernden Geschichte nur eine kleine Auszeit nehmen. Und so mietet sie sich scheinbar zufällig in ein kleines Hotel ein, das eine ganz besondere Aura ausstrahlt. Hier trifft sie auf die charismatische Sita, die aus einem Dorf am Fuße des Himalayas stammt. Nach und nach offenbart Sita ihr die sieben Geheimnisse der Wunscherfüllung – uraltes, verborgenes Wissen, das die Kraft hat, das Leben von Grund auf zu verändern …

978-3-453-70485-5

HEYNE

Leseprobe unter **www.heyne.de**

Anjana Gill

Die Glücksgeheimnisse des kleinen Elefanten

Es ist durchaus ungewöhnlich, in unseren Breitengraden auf einen kleinen, weitgereisten Elefanten zu treffen. Vor allem, wenn dieser Elefant auch noch ganz genau Bescheid weiß über die Geheimnisse des Glücks. Genau das passiert der Erzählerin – und zusammen verbringen die beiden einen wundervollen Sommer. Gemeinsam beobachten sie die Menschen, führen Gespräche oder hängen einfach nur ihren Gedanken nach … Eine bezaubernde Erzählung, die Licht und Freude in jeden Alltag bringt!

978-3-453-70443-5

Leseprobe unter **www.heyne.de**

HEYNE

Anjana Gill

Leichtigkeit und Freude für jeden Tag: Das Kartenset

Der kleine Glückselefant von Anjana Gill schenkt dir die entscheidenden Impulse, um dich auf das auszurichten, was dein Leben so schön und einzigartig macht. Einfach eine Karte ziehen, die Glücksbotschaft verinnerlichen – und Kurs nehmen auf Lebensfreude, wahre Zufriedenheit und tiefe Selbstliebe!

GTIN 4250939500027

www.ansata-integral-lotos.de

Lotos